二塁手論

現代野球で最も複雑で難しいポジション

井口資仁

GS

174

JN263184

まえがき

今この地球上には六十数億人の人間が存在するらしい。その中の誰一人として、自分とまったく同じ人間はいない。

つまり誰であろうとも、他の人が持っていないものを持っている。

ただしそれも、磨かなければほとんど意味はない。自分と同じ人間はいないが、その差異はごくわずかなものに過ぎないからだ。

他人とのわずかな違いに磨きをかけ、鍛え上げていってはじめて、個性と呼べるものに育つのだと僕は思う。

ただし、ひとつ大きな問題がある。自分のどこに磨きをかけるかという問題だ。

それが簡単にわかれば苦労はしない、という人も多いだろう。

僕も長い間、それがわからなくて苦労した。

ここまで、自分のプロ野球人生は、けっして順風満帆ではなかった。

プロ入りして最初の試合で、満塁ホームランを打った。大学野球時代にも本塁打のリーグ記録を作っていたから、周囲は僕を長距離バッターとみなした。いや周囲だけでなく僕自身もそう思い込んで、ホームランを打つことにこだわった。おかげで、僕は自分の本当の個性に気づくことができなかった。

そして長い不振に陥った。

それは僕の大きな壁になった。

最初に結論を言えば、壁を乗り越える力を与えてくれたのは、「盗塁」というひとつの野球技術であり、「セカンド」というそれまで経験したことのないポジションだった。

盗塁もセカンドも、野球ファンにはあまり華々しい印象はないかもしれない。

けれど今の僕は、胸を張って言える。

その地味なことが、僕に野球というスポーツの本当の面白さを教えてくれたのだ。

ホームランは派手で格好いいかもしれないけれど、それだけを追い求めていたら、おそらく僕は野球の本質を理解できないままだった。

足下を見つめる努力をすれば、仕事も人生ももっと楽しくなる。本当の面白さは、世間の人の忘れている細部に、地味な場所に潜んでいる。

盗塁とセカンドが、そのことを僕に教えてくれたのだ。

この経験が、野球をしない方々にも、何かの参考になるかと思って、ペンをとった。もし、今あなたが悩んでいて、閉塞感でいっぱいだったら、ぜひ読んで欲しい。

野球が好きな人はもちろんだけれど、そうでない人にもこの話は人生のヒントになるのではないかと思っている。

考え方ひとつで人生は大きく変わるということを、身をもって体験した自分だからできる話を、これからしようと思う。

二塁手論／目次

第二章 セカンドという選択が今の自分を作った 49

構成　石川拓治

第一章

「盗塁」という具体的な目標がすべてを変えた

順風満帆だったアマチュア時代

人生はいつも自分の思い通りになるとは限らない。

むしろ思い通りにならないことの方が多い。

そういう時に、何をするかで人生は変わる。

順風満帆の絶頂期よりも、やることなすことが裏目に出て、何をやっても上手くいかない時期こそが、自分を見つめ、自分を変える何よりのチャンスだと僕は思う。

僕はそのことを、盗塁というひとつの野球の技術から学んだ。


思い出すことのできる遠い昔から、自分は大人になったら確実にプロ野球選手になるものだと思っていた。それ以外の未来を思い浮かべたことはない。

父親はごく普通のサラリーマン、母親はどこにでもいる普通の主婦だ。

ただ二人とも若い頃からスポーツを深く愛していて、結婚して家庭を持ってからもスポーツを趣味として生きていた。

学生時代は陸上競技の選手だった母親は、主婦になってバレーボールを始めた。父親は学生時代から野球を続け、僕が小学生になった頃には近所の少年野球チームのコーチをしていた。物心がつく前から僕はそういう母親と父親にくっついていって、年上の子供たちや大人たちに混じってバレーボールや野球をさせてもらっていた。自分がいつ野球を始めたのかもよくわからないくらいだ。週末はもちろんのこと、平日も夜遅くまでスポーツをするのが僕の日常だった。

運動に関して、僕は友達の誰よりも優れていたと思う。体力とか運動能力のテスト結果が、東京都内で3位より下になった記憶はない。

そして野球を始めて、これこそが自分の未来だと知った。同年代の子供の中で自分より野球の上手い子供は見あたらなかった。

野球に夢中になってからは、野球漬けの毎日だった。

地元のリトルリーグからシニアリーグのチーム、國學院久我山高校を経て、青山学院大学に進学、1年生の春からレギュラーになり、東都大学リーグで三冠王と、大学時代通算本塁打24本のリーグ記録を作った。全日本大学選手権大会で優勝して4年生の時にアトランタオリンピックに出場し、銀メダルを獲得した。

そして王貞治監督率いる福岡ダイエーホークスを逆指名して翌1997年に、少年時代からの予想通りにプロ野球選手になる。

プロになった最初のシーズンのオープン戦で足首を捻挫《ねんざ》して、開幕戦には間に合わなかったけれど、5月3日に近鉄バファローズ戦に2番ショートで初出場し、その初打席でヒット、3打席目には満塁ホームランを打った。

プロになった最初の試合で満塁ホームランを打った選手は、少なくとも日本では後にも先にも僕しかいない。スポーツ新聞に「プロ野球史上初の快挙」という記事が載った。

そこまでは、順風満帆の野球人生だった。

だが、その後がいけなかった。

見失ったバッティングフォーム

ファンはもちろん監督もコーチも、僕を長距離砲とみなし、ホームランバッターになることを期待した。

ピッチャーが全力で投げたボールを目にもとまらぬスイングで打ち返す。ボールはセンター上空へと高く舞い上がり、大きな美しい弧を描きながら観客で埋め尽くされたスタンドへと飛んでいく。ファンの歓喜の声が降りそそぐダイヤモンドをゆっくり回り、ベンチ前で待ちかまえるチームメイトの中へと帰っていく――。

ホームランが野球というスポーツの、大きな醍醐味であることは間違いない。今の僕だって、野球の最高のシーンは何かと問われれば、迷うことなく逆転サヨナラホームランと答える。相手チームにリードされた最後の回、1本のホームランで試合をひっくり返す瞬間のあの興奮をどう表現すればいいだろう。そういう奇跡のような瞬間は、野球人生の間でも何度も訪れるわけではないが、その瞬間を夢見てバッターは打席に立ち続けると言っても言い過ぎではないかもしれない。

ルーキーの僕としても、ホームランバッターとみなされて嬉しくないわけはない。

その期待に応えて、1本でも多くのホームランを打ちたいという気持ちになるのは当然だった。けれど、昨日まで大学生だった選手に、ポンポンとホームランを打たせるほどプロのピッチャーは甘くない。プロ入り3打席目の満塁ホームランは、言ってみればビギナーズラックみたいなものだった。

最初の年の97年に僕が打ったホームランは8本、98年は21本、そして99年は14本だった。あの王監督だって、ルーキーイヤーは7本のホームランしか打てなかった。あのホームランの天才だって本塁打数が30本を超えたのは4年目のことだ。そう考えれば、それほど悪い数字とまでは言えない。

ことに99年は王監督率いる福岡ダイエーホークスが、日本シリーズを制して日本一の座に輝いた年でもある。

西武ライオンズと激しい優勝争いを繰り広げていた99年9月8日の首位攻防戦で、僕はサヨナラ満塁ホームランを打ってチームを首位に導いた。さらに9月25日の日本ハムファイターズ戦の最後に僕が放ったホームランが、ダイエーホークスのリーグ優勝を決める決勝打になった。どちらの試合も福岡ドームで、僕の打ったボールがスタンド上空に飛んだ時のファンの空恐ろしいほどの歓声は、今も忘れることができない。

そういう歓喜の瞬間はあったのだ。そのシーズンのホームランは14本。数字としては物足りないが、逆に言えばそれだけホームランへのこだわりは強くなった。

しかしそれが良くなかった。プロ入りして3年間の最高打率は、2割2分4厘。新人ということを割り引いても、不甲斐ない成績だ。それでも王監督は、3年目の開幕戦で僕を3番に置いてくれた。なかなか思うような成績が出せない僕に発破をかけるつもりもあったのだろうが、その期待に応えることができなかった。3番打者として打たなきゃいけない場面で打つことができないでいるうちに、打順はずるずると後退し、下位打線が定位置になった。

打率は上がらない、ホームランの数もなかなか増えない。99年のサヨナラ満塁ホームランも、リーグ優勝を決める決勝ホームランも、そういう状況の中で打った。スポーツ新聞には「勝負強い」なんて書かれもしたが、それは裏を返せば、いつもの成績はそれほどでもないと言われているようなものだ。そしてそれは紛れもない事実だった。おまけに僕は右バッターにもかかわらず、右方向への長打を得意としていた。ライトからレフトまで広角に長打が打てるというので、「恐怖の9番打者」なんて、名誉なのか不名誉なのかわからないような渾名《あだな》を貰ったりもした。

練習をサボっていたわけではもちろんない。その状況から何とか抜け出したくて、周囲の誰にも負けないくらい練習に打ち込んだ。

ところが練習をすればするほど、迷いが深くなった。右にホームランが打てるのだから、もっと引っ張ればホームランの数は増えるとコーチに指摘されて、引っ張って打つ練習も嫌になるくらい繰り返した。打撃練習ではそこそこ打てるようになっても、試合ではまったく通用しなかった。そのうちに、どう打っていいかわからなくなった。自分のバッティングフォームを見失ってしまったのだ。

バッターがバッティングフォームを見失うということは、つまり自分を見失うということだ。何をやっても裏目に出て、自分が迷い込んだ袋小路から抜け出す道がまったく見えなかった。

あのままだったら、今頃は球界を去っていたかもしれない。

その危機から僕を救ったのが、盗塁だった。

正確に言うなら、盗塁王という具体的な目標だった。

「何でもいいからタイトルを取れ」

4年目の2000年のシーズン中に、僕は左肩に大怪我をした。手術のために長期間戦線を離脱し、この年は54試合にしか出場できなかった。

同期の松中信彦選手や柴原洋選手が一軍で活躍し成績を残しているのに、僕は自分が何を目指すかもわからないまま、ファームで練習に明け暮れていた。

その暗雲たれ込める日々に、救いの手をさしのべてくれたのが島田誠コーチだった。

「松中も柴原も今じゃ立派に活躍しているというのに、お前は悔しくないのか。あいつらを追い抜くには、どうしたらいいと思う？」

その質問に答えられないでいると、島田コーチはこう言った。

「何でもいいからタイトルを取るんだよ。お前の同期の連中は、まだ誰も何のタイトルも取っていない」

プロ野球は数字のスポーツと言われるくらい、様々な記録がある。試合を観戦することと同じくらい、様々な記録を調べることに楽しみを見いだすファンもいるくらいだ。

野球は9人で行うチームプレイであり、厳密に言えば打順やポジションによって、与えられる役割はそれぞれ違う。選手ひとりひとりの働きには、試合を表面的に観ているだけでは見えてこない部分がある。それで様々な観点から数字を記録するのだろう。

無数にある記録の中でも、打者にとっては特別な数字がある。

打率、打点、本塁打数、盗塁数、安打数、出塁率。

この6つの数字について、シーズン最高記録を出した選手には栄誉が与えられる。

打率、打点、本塁打の3つのタイトルを同時に取れば、三冠王として長く記録に残されるし、その上には五冠王、六冠王という称号もある。

その6つのタイトルのうちどれかひとつを取れば、自分の前を走る同期の仲間を超えられると島田コーチは僕に言った。

そんな風には考えたこともなかった。

長距離打者であることを期待され、長打を打つための練習に取り組み、そして結果を出せないでいるうちに、僕は自分の方向性を見失ったのだと思っていた。

しかし、それは大きな考え違いだった。

見失ったのではなく、僕は最初から何の目標も見定めてはいなかったのだ。

今立っているこの打席でヒットを打ち、ホームランを打てば、それが積み重なって、いつしか自分の成績が上がっていくのだと漠然と考えていた。戦術も戦略もない。具体的な目標がないのだから、戦術も戦略も立てていなかった。

それは何も考えないのと同じことだ。

トレーニングだって練習だって、自分にできることはもうこれ以上ないところまで積み上げてきたという自信はあった。けれど、その自信が間違いの元だった。

それは、これ以上は何もできないと思い込むのと同じだ。努力すれば良い結果が出るとは限らない。その努力が正しい方向に向いていなければ、どんなに必死で走ろうが、どこにも到達することはできない。

そして正しい方向を見極めるためには、自分の限界を知らなければならない。

タイトルを取れと言われて、僕の心は騒いだ。目が醒めた気分になった。

なぜ「盗塁王」を選んだのか

問題は6つのタイトルのうち、どのタイトルを狙うか。

最初にホームランタイトルの可能性を捨てた。

ホームラン王を目指したわけではないにしても、ホームランにこだわったがゆえの4年間であり、今ここでそれを目標にするのは違うと思った。

打点もおそらくクリーンアップを打てない限りは難しい。打率と安打数については、その当時、つまり僕がそのことを考えた2000年の時点では、イチローさんがまだ日本球界にいた。2位になることは不可能ではないにしても、1位になってタイトルを取るのは限りなく不可能に近い。

そう考えていって、最後に残ったのが盗塁王のタイトルだった。

長距離打者と見られていた僕が、盗塁王を目指すなんて方向転換もいいところだ。でも、自分が何を目指せばいいかわからなくなっていたあの頃の僕にとって、具体的な数字で表される、明確な目標は魅力的だった。

その昔は1シーズンで80盗塁などという記録もあったけれど、最近は40から50盗塁の間でタイトルが決まっていた。僕がプロ生活の最初の4年間でいちばんたくさん盗塁を成功させたのは99年で、14盗塁だった。タイトルの数字とはかなりの開きがあったが、積極的に盗塁を狙っての数字ではない。しかもバッティングと違って、走るスピードには好不調の波がほとんどない。シーズン中はコンスタントに狙っていけるはずだ。

過去の経験からすれば14盗塁が最高なわけで、1シーズンで40盗塁はかなり苦しい数字ではある。タイトルを取るということになれば、俊足に定評のあるプロの巧者と競わなければならない。

けれどモノは考えよう。1シーズンは6ヶ月ある。1ヶ月に5つの盗塁で30、つまり週にひとつ成功させれば30盗塁になる。そう考えたら、かなり気持ちが楽になった。

1週間でひとつ盗塁を成功させればいい。それをベースにして、毎月ひとつでも2つでも盗塁を増やせばタイトルに手が届く。

大きな目標も、逆算して小さく分解すれば達成する可能性が見えてくる。

もちろん、他の選手との競争になる。絶対にタイトルを手にできるとは限らない。それだけに、今の自分には挑戦しがいのある目標だと思った。何よりの証拠に、そのことを考えただけで心の深い部分から闘志が湧いてきた。

僕は盗塁王を目指すことにした。

そして、僕の野球は変わった。

「盗塁王」という具体的な目標

盗塁には、ホームランのような気持ち良さはない。そのかわり、ひとつ盗塁を成功させるたびに、自分が着実に前に進んでいるという達成感があった。

さらにひとつでも多く盗塁を成功させるために、考えて野球をする癖がついた。漠然と長距離打者を目指していた時にはなかったことだ。

もちろん、盗塁のタイトルを狙う前から、ベンチからのサインやチャンスがあれば盗塁をしていたが、こんな達成感はなかった。ひとつひとつの盗塁が嬉しかった。達成感は具体的な目標があって初めて生まれるものだ。

「具体的な目標」と、「漠然とした目標」には大きな違いがある。

具体的な目標を決めれば、逆算していくことで自分がやらなければいけないことが、いくつも目の前に現れてくる。自分が何をなすべきかが見えるようになる。

漠然とした目標には、そういう効果はない。まず自分のなすべきこと、次になすべき事柄も明確には見えてこないから、どこまで自分が進んだかもわからなくなる。徒労感と無力感に苛《さいな》まれ、いつしか目標そのものも見失ってしまうことになる。

具体的な目標から、自分がなにをなすべきかが導き出されれば、あとはそのなすべきことをするだけだ。

思い通りにいかない日もあるかもしれないが、道に迷うことはない。今日は3歩進むつもりで1歩しか進めなくても、確実に前に進んでいるのだから。

120%の自信がないと走らない

盗塁王のタイトルを取るという目標に取り組んでいるうちに、僕は盗塁の奥深さに夢中になっていた。

盗塁は孤独だ。成功させても、次のバッターに感謝なんかされない。野球をやったことのある人なら誰でも経験のあることだろうが、バッターの立場からすれば、ランナーにうろちょろされるのは邪魔でしかない。

ピッチャーと一対一の勝負をしている時、2回も3回も牽制球を投げられれば、バッターはイライラするに決まっている。ランナーがいいスタートを切れば、嫌でも待たなきゃいけない。ストライクのカウントひとつを、ランナーのために犠牲にすることもあるわけだ。盗塁に失敗してランナーがいなくなれば、セットアップで投げていたピッチャーがワインドアップに戻る。リズムが変わるから、たいていのバッターはこれを嫌がる。ましてツーストライクまで走る走ると見せかけてバッターの集中力を乱し、いざそのツーストライクで走ってアウトになったりしたら、バッターのショックはあまりにも大きい。お前は何をしているんだということになってしまう。

盗塁が成功したとしても、守備体系が変わる。ランナーが一塁にいれば一、二塁間の守備が空く。そのランナーが二塁に進めば、内野手の位置は元に戻ってしまうわけだ。

その打席で自分が打って、盗塁に成功したランナーがホームに帰り、打点がつけば「ありがとう」くらいは言うかもしれない。けれどそれ以外は基本的に、ランナーは走らずにじっとしていてくれというのが、バッターの正直な本音だろう。

それだけに、盗塁をするからには絶対に成功させなければならない。バッターは10打席のうち7打席失敗しても3割打者になれる。盗塁は100回やって100回成功しなければいけない。僕の場合は、120%成功する自信がなければ走らなかった。

アウトになってもいいから走るという姿勢で盗塁すれば、年間80盗塁も不可能ではないだろう。だが、そんなものはもはや野球ではない。チームの勝利を目指して、9人が力を合わせて戦うのが野球だ。タイトルが欲しいからと言って、もちろん自分の記録のためにチームの足を引っ張ることは許されない。

ランナーが一塁、二塁、三塁とベースを回り、ホームに帰って1点を得る。野球はその点数を競うゲームだ。盗塁をしてひとつでもベースを進め、1点でも多く点数獲得のチャンスを広げる。それが盗塁の役割だ。その役割を離れたら、それは盗塁とは呼べない。勝利に貢献してこそ、盗塁の意味がある。その前提での盗塁なら、ヒット1本に匹敵する価値がある。そういう盗塁を積み上げた結果としてのタイトルだからこそ、胸を張って受けることができるのだと思う。

目標達成のために自分なりのルールを作る

目標を設定する時には、何のためにそれをするのかを考えるべきだ。そして、自分なりの原則やルールを作る。その原則とルールは、何があろうと守らなければいけない。たとえ、その結果として目標が達成できなかったとしても。

盗塁のタイトルを目指すにあたって、僕もいくつかの原則を決めた。

まず、バッターに任せるべき場面では走らないということ。

たとえば接戦の時など、バッターとピッチャーの間に火花が散りそうなくらい極度に集中して対峙《たいじ》している場面がある。打つか、打ち取られるか。そういう場面での盗塁は、全神経を次の投球に集中して対決するその戦いに、水を差すことになる。だからそこでは絶対に走らない。ヒットも盗塁も、ベースをひとつ進むという意味では同じだが、野球の勝負の中心はピッチャーとバッターの戦いにある。

それから点差が大きく開いて自分のチームが勝っている時も走らない。味方の勝利が決定的になった場面での盗塁に意味はないからだ。

それに敵の一塁手がもはやベースにつかなくなったような状態で盗塁するのは、フェアではない。アメリカならそういう場面で盗塁しようものなら、次のバッターはデッドボールに決まっている。そもそも、アメリカではそういう走塁をしても盗塁にはカウントされない。何点差がついたらという決まりはないから、公式記録員の考え方にもよるが、日本でも最近は盗塁とは記録されなくなったようだ。

そして最後のいちばん重要な原則は、賭けをしないということ。盗塁のアウトは、バッターのアウトよりも大きく味方の士気を低下させる。

バッターのアウトは仕方のない部分がある。打席に立てば、アウトになるか塁に出るかのどちらかだから。しかし、盗塁のアウトは違う。走らなければアウトにならない。そして塁に残ってさえいれば、常に1点のチャンスは残せる。盗塁のアウトは、その1点のチャンスを捨て、さらにバッター1打席分のチャンスを失うということになる。

だから一か八か、セーフになるかアウトになるかというような盗塁はしない。120%成功する自信がなければ走らない。

足が速くなくても盗塁はできる

もちろん、敵は何が何でもアウトを狙って襲いかかってくるわけだから、120%の自信があっても失敗することはある。それじゃ120%にならないじゃないかと言われそうだが、それくらいの気持ちで、つまり少なくとも絶対確実に成功すると確信できなければ走らない。

つまり盗塁のタイトルは、120%自信を持ってスタートを切れる場面をどれだけ増やすかにかかっている。

単純な足の速さだけで盗塁を成功させるのは難しい。もちろん足が速い方が有利ではあるが、それほど速くなくても他の条件が揃っていれば盗塁はできる。

僕も自分の足に自信はあったが、滅茶苦茶速いわけではない。球界を探せば、僕よりも足の速い選手はいくらでもいる。それでも盗塁のタイトルを目指そうと決めたのは、工夫次第で何とかできるという確信があったからだ。

盗塁に限らず、これは他のあらゆることに当てはまるのではないだろうか。世の中には話下手なトップセールスマンもいれば、計算が苦手なのにノーベル賞を受賞した物理学者もいるという話を聞いたことがあるくらいだから。

盗塁に必要な能力①　思い切りの良さ

盗塁のために養うべき能力は３つある。

その第一は、思い切りの良さ。

思い切りの良さがないと、いくら他の才能があっても盗塁王にはほど遠い。どんなに足が速くても、思い切りが悪ければアウトになってしまう。

１２０％の確信と言っても、「今ここで飛び出せばセーフだ」と感じるのは瞬間的なものであって、その瞬間を逃したら120%が0%になってしまうこともある。

塁間の距離ひとつとってみても、野球というのはほんとうによく考えられたゲームだと思う。ピッチャーがボールを投げてキャッチャーが受け、二塁へ送球する。そこまでに何秒かかるかはピッチャーとキャッチャーの肩と反応速度にかかっているわけだが、せいぜい2秒というところだろう。速いバッテリーと遅いバッテリーを比べても1秒以上は違わないはずだ。

一塁と二塁の間は27・4メートル、リードの距離を考えに入れてランナーが走るのを25メートルとすれば、スタートして二塁ベースを踏むまで3秒前後。これも遅いランナーと速いランナーを比べても1秒以上の開きはない。つまり秒単位で計れば、盗塁したランナーが二塁に達するのと、キャッチャーが送球したボールが二塁に届くのは、ほぼ同時。セーフになるかアウトになるかは、10分の1秒単位の差で決まる。

だから、ランナーにとって飛び出すチャンスは一瞬しかない。それよりわずかでも早ければ牽制されるし、遅ければボールが二塁でアウトになる。思い切りの良さがなければ、そのタイミングはつかめない。

盗塁のアウトは許されないと書いたことと矛盾するようだけれど、その瞬間は何もかも忘れて、二塁でアウトになろうが牽制で刺されようがアウトはアウトだと思い切って、全力で飛び出さなければいけない。

ちなみに、牽制球のアウトほど惨《みじ》めなことはない。

思い切って飛び出して、牽制球を投げられて、慌ててファーストに戻ったのにアウトにされて、一人とぼとぼと歩いてベンチに帰る時の気分よりも情けない気分がこの世にあるとは思えない。

味方の士気を一気に下げ、試合の流れさえも変えかねないミスなのだから仕方ない。同じ盗塁失敗でも果敢に二塁にスライディングしての失敗なら、その勇気に免じて許される部分もなくはないのだが、牽制アウトには何の救いもない。

しかし、牽制アウトを恐れてばかりいたら、盗塁はできない。その瞬間が来たら、思い切って飛び出す勇気が必要になる。

盗塁に必要な能力② 観察力

盗塁に必要な2つ目の能力は、ピッチャーの癖を見極める観察力だ。

盗塁に成功してもホームランのような気持ちの良さはないと書いたが、盗塁の種類によっては、ほとんどそれに近い気持ちのいい盗塁というものもある。

それは、ピッチャーのモーションを完全に盗んで成功させた盗塁だ。

ピッチャーの手をボールが離れる前に走り出しているから、キャッチャーが受けた時には、もう投げても絶対に間に合わない。キャッチャーは立ち上がって呆然《ぼうぜん》とランナーを見守るだけで、ボールを二塁に投げないことがある。

これはさすがに気持ちがいい。バッターも文句はないし、観客席もこの時ばかりは大喜びだ。それが盗塁の理想だが、もちろんそう簡単にできることではない。走り出すタイミングが早ければ、それだけ成功する確率は高くなる。しかし早すぎれば牽制球を投げられてしまう。

キャッチャーミットに投げるか、それとも牽制球を投げるかは2つにひとつ。セットポジションで構えたピッチャーが球を投げるまでは、二股にわかれた道のようなものだ。キャッチャーミットへ投げる道と、牽制をする道が2つにわかれる場所があって、そこを越えてしまえばもう後戻りはできない。ランナーが走ったことに気づいても牽制球は投げられないというポイントがある。

ピッチャーはもちろん、そのポイントがランナーに見分けられないように最後のぎりぎりまで同じフォームで投げようとするのだが、実際問題としては、同じフォームで投げているつもりでも、たいていはどこかにほんのわずかな違いがある。

キャッチャーミットに投げるのとファーストミットに投げるのとでは方向が90度違う。それを同じフォームで投げようとするのだから、ピッチャーはかなりの緊張を強《し》いられる。その緊張が小さな癖になって表面に現れてくる。

たとえば、セットポジションの静止状態から、投球のために動き出すその最初の動きで打者に投げるのか牽制かがわかってしまうことがある。肩が最初に動けば牽制で、頭が最初なら打者に投げるというように。

モーションを完璧に盗むというのはそういうことで、ピッチャーが動き始めた瞬間に走り出せる。立ちつくしたまま二塁への送球を諦めるキャッチャーを見るのが、いちばん爽快で、完璧な盗塁だ。

「癖」は緊張状態に置かれた時に出る

普通に投球する時はランナーをきちんと見てから投げ始めるのに、牽制を投げようとしている時はランナーを絶対に見ないピッチャーがいた。

こういうピッチャーの時は、盗塁を確実に成功させられる。

癖は無意識の行為だから、本人が気づくのは難しい。そして無意識の行為は、緊張状態に置かれた時に出やすい。

それはピッチャーに限った話ではない。注意して周りの人間を見回すと、いろんな癖が見つかるはずだ。そういう癖は、その人の置かれた精神状況を教えてくれる。

僕はピッチャーを観察し、その癖をノートにつけるようになった。

もちろんいちばん大切なのは自分の脳裏に刻みつけることだが、癖を見つけた時は嬉しさもあって、ノートに記録するのが楽しかった。それからは、ひたすらピッチャーを見るようになった。どこがどう違うと言葉で説明できるほど明確な違いはないのに、ピッチャーの動きを見ていると牽制がわかることも少なくない。

癖は牽制の有無だけでなく、次に投げる球種を教えてくれたりすることもある。知れば知るほど、ピッチャーの癖というものは奥が深い。

その反対に、そういう癖がほとんど見つけられないピッチャーもいる。

思い出すのは松坂大輔だ。

彼との対戦成績は85打席で打率3割6分5厘、ホームラン3本、9打点。

苦手としていたわけではないが、彼の癖はついに見つけられなかった。隙《すき》がないのだ。癖のあるなしは必ずしもピッチャーの優劣とは関係ないが、やっぱり凄いピッチャーだと思う。

こういうピッチャーから盗塁するのは至難の業《わざ》で、賭けをしないという原則からしても盗塁はしないのがセオリーだ。とは言え、セオリー通りに心が動くわけではない。

盗塁という意味でも、松坂大輔は闘志の湧く相手だった。

盗塁に必要な能力③　配球を読むこと

癖のないピッチャーから塁を奪うチャンスがあるとしたら、それは配球を読むということにつきる。

これが、盗塁に必要な能力の3つ目だ。

配球を読むとは、ピッチャーが次にどんなボールを投げるかを読むということ。わかりやすい例を言えば、直球と変化球では、ピッチャーが変化球を投げた時の方が盗塁成功の可能性は圧倒的に高くなる。まずなによりも球速に差があるからだ。

150キロの直球と120キロの変化球では時速30キロの差がある。ピッチャーマウンドからホームベースまで18・44メートル。時速30キロの差は、10分の1秒単位の差でしかないが、その差がアウトとセーフを分ける。さらに、キャッチャーが捕球してから二塁へ送球するまでにかかる時間も、変化球の時の方がごくわずかだか長くなる。フォークならなおさらだ。

だから配球を読み切って、次の球種が変化球とはっきりわかっていれば格段に走りやすくなる。

バッターがピッチャーの配球を読むのは当然のことだが、それはあくまでも自分の打席だけのことだ。僕は盗塁をするようになって、自分が塁に出ている時の、つまり自分の後の打順のバッターへの配球も読むようになった。

ピッチャー個人の配球の癖もあるし、カウントによっても次は変化球を投げるとわかることがある。その当時僕は3番を打つことが多かった。後ろのバッターは4番、5番、6番。ピッチャーはそういう上位打線を相手にしている時、0—2、1—2、1—3というカウントで変化球を投げることが多い。逆に追い込まれた2—1もピッチャーが変化球を投げやすいカウントだ。

必ず変化球というわけではないが、そういうことを頭に入れた上でピッチャーの投球をよく観察していると、次はほぼ確実に変化球だとわかることがある。そのタイミングで走れば、盗塁の確率をさらに高くできる。

次のバッターのヒットを引き出せるのが盗塁

盗塁の実際の成功率は、9割というところだろうか。けれどこれは大きな数字だ。バッティングは良くても3割なのに対して、盗塁なら9割の確率で塁をひとつ進められるのだから。塁に出たらもっと盗塁のチャンスを狙うべきだし、チーム全体で盗塁に力を入れればかなりの得点を稼げるはずだ。

盗塁には、もうひとつ別の効果もある。盗塁を警戒しているピッチャーの配球は、必然的に直球が増えるという点だ。

ランナーとしては変化球の方が盗塁しやすい。これはピッチャーの側からすれば、変化球を投げたら走られるということ。だからピッチャーはランナーが早いカウントで走ると思えば、早いカウントはほとんど真っ直ぐで攻めてくる。

しかもランナーに気を遣っていればいるほど、その直球が甘いコースに来ることが多い。ランナーが盗塁を狙えば、バッターのチャンスを広げることになる。

守備にも影響する。ランナーがスタートを切った瞬間に、内野手は動き出す。特に二遊間はランナーを阻止するために確実に動くので、守備範囲はそれだけ狭くなる。バッターがそれをちゃんと見ていれば、空いた場所に転がすだけで簡単にヒットになる。

逆に言えば、ランナーが出てもこの選手は走らないなと思えば、ピッチャーは安心して変化球が投げられる。フォーク系ももちろん増える。内野手も動かない。絶対に走らないランナーなら、ファーストが一塁ベースから離れて守備をすることすらある。

バッターはその分だけ不利になる。たとえ盗塁する気がなくても、リードを大きく取るだけで、ファーストの守備位置を変えることができるのだから。

盗塁には単純に塁を進めるだけでなく、次のバッターのヒットの確率を増やす効果もあるのだ。

戻ることだけを考えていればリードを大きく取っても牽制で刺される心配はないのだから、ランナーとしてはこれをやらない手はない。

こういうことは、自分で盗塁を積極的にするようになるまでわからなかった。普通の人があまり重視しない、軽く見られている仕事の中にも閉塞状況を打開するヒントが隠されていると僕は思う。

盗塁の成功は最初の3歩で決まる

1週間にひとつ、1ヶ月に5つの盗塁を目標にして2001年のシーズンに入った僕は、7月の終わり、夏のオールスターの頃までに28個の盗塁を成功させていた。30個は目前だし、そうなれば盗塁王のタイトルはかなり現実味を帯びてくる。

僕はよりいっそう盗塁に集中するようになった。それにつれて、予想しなかったことが起きた。盗塁数が増えるにつれて、打率も良くなったし、ホームランの数も増えたのだ。

たとえば配球の読みにしても、以前より遥かに深くなった。自分の打席だけでなく、自分の後の打席のバッターへの配球表もすべてチェックしていたし、ランナーとして塁に立っている間も真剣に配球を読んでいたわけだから、これは当然とも言える。

それまではピッチャーとバッターの関係だけを考えていたのに、ランナーの動きまで含めて配球を考えるようになって、自分の打席での配球の読みがより正確になったということもあるだろう。

実際に盗塁するために配球を読むようになって、具体的にその読みを自分のバッティングに生かせるようになったのだ。また、ボディバランスが向上した結果、バッティングにもいい影響を与えたということもある。

盗塁の成功率を上げるために、僕はコーチと二人三脚で様々なトレーニングを重ねた。

盗塁ではスタートからの3歩が極めて重要だ。その3歩で盗塁の成功が決まると言ってもいい。

陸上競技でもスタートの練習は飽きるほど繰り返すという。それはスタートがいちばんロスを出しやすいからだ。トップスピードに達してしまえば、あとは全力で走るだけだ。そこでタイムを0・1秒縮めるのは難しいが、スタートからトップスピードに達するまでの間にはタイムを縮める余地がかなりある。

まして盗塁では、ピッチャーの方を見て構えている姿勢から身体を90度ひねって走り出さなければならない。身体のバランスを崩した状態で走り始める。だから最初の3歩の足跡を見ると、普通は左右にブレている。このブレがタイムロスになる。ロスを減らすには、3歩の足跡が直線上に並ばなければいけない。

自分の足跡を見ながら、スタートの練習を繰り返す。構えている時、腰はどのくらいの高さにすればスピードに乗りやすいか、走る軸を左右にブレさせず進行方向に向かって真っ直ぐに踏み出すにはどうしたらいいか。考えては走り、走っては考える。それは初めての経験だった。ただがむしゃらに走り込むのとはまったく違う。

運動を支配するのは脳の機能だ。だから単純に運動するだけでも、脳は鍛えられているはずなのだが、そのトレーニングに、考えるという理性の働きを加えることで、ボディバランスはさらに効率良く向上する。盗塁のためのトレーニングによって、トータルとしての身体の使い方が変わったのだと思う。ピッチャーの癖や配球を読むことも含めて、僕の野球が以前よりも緻密になった。

２００１年のシーズンを終えるまでに僕は44個の盗塁を成功させ、盗塁王のタイトルを手に入れた。ホームランの数も30本まで伸ばすことができた。40盗塁、30本塁打は日本プロ野球史上３人目の記録だ。

詳しい話は後でするが、このシーズンから僕はセカンドに転向した。その変更も思った以上に上手くいき、僕はこの年初めてゴールデン・グラブ賞を受賞し、ベストナインにも選出された。

ターニングポイントになったシーズン

僕を押し潰そうとしていた閉塞感が、気がついたら消えていた。ホームランを打とうと必死だった時にはあれだけ難しかった年間30本塁打という目標も、シーズンを終わってみればあっさりクリアしていた。

あのシーズンを目標のないまま過ごしていたら、僕はそのまま野球を続けることに疑問を感じていたかもしれない。そういう意味で、あのシーズンが僕のターニングポイントだった。タイトルを取るという具体的な目標を達成して自信を取り戻したということ以上に重要な収穫が、あのシーズンにはあった。

2割台の前半で低迷していた打率も、初めて2割5分を超えた。2割6分1厘。自慢できる数字ではないが、手応えは充分に感じた。

この数字はもっと伸ばせるはずだ。長打を狙うのではなく、地道にヒットを増やせばいいと思った。詰まった当たりでも、塁に出れば盗塁を狙える。いやヒットでなくても、たとえフォアボールでも、それは同じことだ。

フォアボールで出塁しても、打率が上がるわけではない。それまでの僕は、フォアボールを嬉しいと思ったことなんてなかった。しかし盗塁を狙うようになって、フォアボールでもデッドボールでも、とにかく出塁するのが楽しみになった。出塁さえすれば、盗塁が狙えるからだ。

ちなみに、デッドボールで出塁した時には、ピッチャーはめったなことでは牽制球を投げない。デッドボールで身体を痛めているから走らないと思うのか、あるいは心のどこかに「すまない」という気持ちがあるからか。まあそれはピッチャーの性格にもよるだろうけれど、いずれにしても牽制球を投げる確率は低くなる。

それを利用しない手はない。だからデッドボールを当てられた時は、ちょっとばかりオーバーに痛がった。せこい話ではあるけれど、ランナーの僕が痛そうにしていればいるほど、ピッチャーは僕を警戒しなくなる。もちろんそれは盗塁のチャンスだ。

普通の選手が攻撃するチャンスは、打席に立っている間しかない。けれど、盗塁をする選手は、ランナーとしても攻撃に参加できる。単純に考えれば、それだけで攻撃のチャンスが2倍に増える。チャンスだけではない。野球がゲームである以上、攻撃のチャンスが増えるということは、試合をする楽しみもそれだけ増えるということでもある。

試合中に集中する時間が増えた

野球は待つ時間の長いスポーツだ。ピッチャーでもなければ、本当に集中しているのは試合時間全体の10％くらいのものだろう。バッターボックスに立っている時、それからピッチャーがボールを投げバッターが打った瞬間は、全員が集中する。

僕の場合は、それに加えて出塁している間も集中するようになった。ピッチャーの一挙手一投足に集中し、盗塁のチャンスを窺《うかが》う。ピッチャーの配球を読み、癖を探し、バッテリーの隙をついて走る。

積極的に盗塁を狙うようになってから、試合中に集中する時間の割合が圧倒的に増えた。自分が塁に出ていなくても、ベンチにいる時でも相手ピッチャーのことを観察するようになった。

盗塁数を増やすためというよりも、面白かったからだ。

楽しい時は考えるなと言われても、どんどんいろんなことを考えてしまう。考えれば考えるほど、野球が面白くなった。試合に集中している時間も、それまでにくらべたらおそらく何倍にもなったはずだ。

打率やホームランの数が伸びたのは、試合中集中し楽しんだ、その結果でもある。

自分を見失った時は、自分を見つめ直すチャンスでもある

盗塁王という目標が、大袈裟に言えば僕そのものを変えた。

ホームランにくらべたら、盗塁はささやかな記録かもしれない。しかし、それを徹底的に追求したことが、僕の野球人生に大きな変化をもたらした。

普通の人は、目立たない、地味なことにはなかなか夢中になりにくいかもしれない。けれど、もし、それができたら人生は変わる。それは人生を他の人とは違う角度から見つめる目を持つということだから。

盗塁を狙うようになって僕の野球が変わったのは、新しい視点から野球をするようになったからだ。

自分のやりたいことがわからないと言う人が多いという話をよく聞く。それは世間の常識に惑わされて、誰もが望むようなありきたりの成功ばかりを夢見ているからではないだろうか。誰もが望むような成功は、誰もが知っている視点しか与えてくれない。そして、たいていはそれが上手くいかない。だから成功するのは難しいと考えてしまう。

今の自分に何ができるか、何ができそうかを、謙虚になって考える。

そのために自分が何をすればいいのか、具体的な目標をひとつひとつ並べていく。

地味でも小さくてもいいから、その目標を達成するために自分のやるべきことを毎日積み重ねていくこと。大きすぎる夢や目標よりも、むしろ小さな目標の方がいい。大切なのは、何かをひとつひとつ成し遂げていく達成感なのだ。

その達成感が、人生を変えてくれる。

自分の人生を面白くする方法は、ただひとつしかない。

自分の頭で考えて、自分の目標を決める。そしてその目標に向かって毎日を生きる。誰に何と言われようと。

朝、目が醒めた時には、今日自分がやるべきことがすべてわかっている。そして、夜はそのすべてを成し遂げた満足感とともに眠りにつく。

そういう人生を、幸福と呼ぶのだと僕は思っている。

どんな大きな夢も、そういう毎日の積み重ねの先にしかない。

盗塁王のタイトルを目指したあの1年間で、僕はそのことを知った。

第二章

セカンドという選択が今の自分を作った

セカンドへのコンバート

小学生のソフトボールであろうが大人の草野球であろうが、チームでいちばん運動神経の発達した選手が、セカンドを守ることはまずない。

セカンドを守るのは、たいていは小柄で堅実なタイプの選手だ。

プロ野球の世界でもそれは同じだ。

ショートやサードの守備位置から、ファーストまでの距離は長い。三遊間への打球をアウトにできるか否かは、捕球してファーストへ投げるまでの流れるようなプレイとその強い肩にかかっている。

セカンドにはそういう派手な見せ場がない。

プロ入り4年目の2000年の秋のキャンプで、僕が福岡ダイエーホークスの守備コーチ、森脇浩司さんからセカンドへのコンバートを勧められた時、まず考えたのもそのことだった。

自分の無知を恥じるしかないが、気持ちを正直に告白すれば、僕の心の中は不満と不信でいっぱいになった。

「セカンドをやれば、お前のボディバランスは良くなる。お前の守備のスタイルは左に偏っていて、球を突っ込んで捕ろうとすることが多い。それがバッティングにも影響している。セカンドをやれば、そのバランスが改善できると思う」

森脇コーチがそうつけ加えたことに他意はなかったはずだ。

彼は僕のためになる事実を言ってくれたに過ぎないのだが、その時はそういう風には考えられなかった。僕をセカンドにコンバートするための言い訳だと思った。

一口に言えば、プライドがひどく傷つけられたのだ。

ショートへのこだわりと葛藤

どんな仕事にも、その仕事をしている人間にしかわからない難しさがある。その難しい部分を苦労してやり遂げて、はじめていい仕事ができるのだが、その苦労は誰の目にも見えるものではない。それでも人知れず苦労を重ねるのは、自分の仕事に対するプライドがあるからだ。プロ意識を支えるのは、自分の仕事に対するプライドだ。

ショートというポジションに対して、僕は確かにプライドを持っていた。

まず第一に、そこは中学、高校、大学、そしてプロになってからも、ずっと自分が守ってきたポジションだった。優れた遊撃手としての自信はもちろんあったし、それに何と言っても、ショートは内野手の花形だ。

ましてや野球選手というものは、敵と戦うだけでなく、基本的にはいつもチームメイトとポジション争いを繰り広げているものだ。監督やコーチが僕にセカンド転向を勧めたということは、僕よりもショートに相応《ふさわ》しい選手が他にいるという判断を彼らが下したことを意味する。

ショートからセカンドへのコンバートを勧められて、内心は不満でいっぱいのまま、僕はその秋のキャンプで渋々、セカンドの練習を始めることにした。

そして、その最初の日に、自分の大きな勘違いに気づかされた。

セカンドは、誰にでもできる簡単なポジションなどではなかった。それは、途轍《とてつ》もなく難しいポジションだった。

セカンドはごまかしが利かないポジション

ショートは動きも派手だし、高い運動能力を必要とする。それゆえにプロ野球選手の中でも、特に体力と運動神経に優れた人が務めるわけだ。

ところが、セカンドの練習を始めてすぐに気づいたのだが、身体の使い方という意味で言えば、セカンドの方が遥かに複雑だった。

基本的にショートの動きは、身体の左方向に偏っている。右側へ飛ぶ打球がないわけではないが、たいていの打球は自分の左側で処理できる。捕球したボールを送球するのも、圧倒的にファーストとセカンド、つまり左方向ということになる。極端に言えば左方向への動きしかないから、バランスを崩しても自分の動きでなんとか誤魔化せる。

セカンドというポジションには、誤魔化しの余地がほとんど存在しない。

状況によって、ファーストに送球することもあればセカンドに送球することもある。左右どちらの方向へも自在に投げられなければならないが、捕球してから送球するまでの身体の動きを考えると、きわめて不自然な動きになることが圧倒的に多い。つまりバランスを崩しやすい。セカンドゴロを捕球してファーストに投げるにしても、身体をほぼ真横にひねらなければならない。

ランナーが塁に出ていなければ、時間的な余裕があるから、それほど難しくはない。けれどランナーが一塁にいる場合、すなわちゲッツーのチャンスということになると、これが極端に厳しくなる。その不自然な動きで一瞬でもバランスを崩せば、それがそのまま命取りになる。バランスを立て直して送球するまでの1秒の何分の1かのタイムラグが、アウトとセーフを分けるのだ。

捕球したボールを二塁についたショートにトスするだけのことでも、一筋縄ではいかない。ショートがそのボールを確実に捕球し、さらにファーストへ送球しやすいようなタイミングとポイントを狙い澄ましたトスがあって、はじめて2つのアウトが取れる。そのタイミングとポイントにズレがあれば、ダブルプレイに失敗するだけでなく、二塁をカバーする味方のショートがランナーのスライディングの攻撃を受けることになる。

さらに難しいのが、自分が二塁ベースに入るパターンのゲッツーだ。二塁手がセカンドにつくのは、打球が三遊間に飛んだ場合だ。

打球が三遊間に飛ぶ、ショートかサードが捕球し、セカンドへと送球する。

そのボールを受ける瞬間まで、二塁手は右方向に視線を集中し、スパイクは二塁ベースを踏んでいなければならない。そして次に、ボールがグラブに収まった瞬間に意識を左方向へと切り替える。

この瞬間は、野球というスポーツの中でもおそらく最も危険な瞬間だ。一塁ランナーが、二塁手の踏む二塁ベースに猛然とスライディングしてきているからだ。

ショートが二塁ベースにつく時は、打球が一、二塁間に飛んでいるわけだから、ベースに疾走する一塁ランナーも野手の投げる球も、そして自分が送球する一塁ベースもすべて左方向で、つまりすべてを同一の視野に収めながら同一方向への動きで対処できる。

しかし、セカンドはそうはいかない。

当然のことながら、一塁ランナーは二塁ベースを奪うだけでなく、セカンドの足を削ってファーストへの送球を阻止することも計算している。右方向の三遊間からのボールを受け、一塁ベースのある左方向へとターンしながら、その一塁ランナーのスライディングを紙一重で避け、ファーストへと送球する。そのすべての動きを一瞬で完成させなければゲッツーは成立しない。

サードやショートからの送球が、真っ直ぐにセカンドに向かってくれればまだ楽なのだが、必ずしもそうなるとは限らない。ゲッツーでは、正確さよりも速さが圧倒的に優先される。送球が右や左に逸れるのは日常茶飯事だ。

そして送球が右と左のどちらに逸《そ》れるかで、ランナーへの対処も違ってくる。右に逸れた場合は、状況に合わせて前か後ろに身体をずらせばスライディングのラインから逃げられる。けれど左に逸れた場合は、そうは逃げられない。

左からはランナーという危険な邪魔者が走り込んでくるから、逃げ場は前方のみ。だから足を思い切り伸ばしてできるだけベースの前でキャッチするしかない。

そこから身体を真横にひねってファーストへ送球するのだが、これはかなり無理のある姿勢だ。その無理な姿勢からボールを投げて、一塁に走り込むバッターをアウトにするには優れたボディバランスと、それから強い肩とコントロールが必要になる。

もちろんセカンドに走り込むランナーの走力や癖によっても、スライディングからの逃げ方は変わる。味方の内野手が送球する球にも、それぞれ癖がある。そういうものをすべて頭に入れた上で、その場で瞬間的な状況判断を下し、正確かつ素早くセカンドが動けるか否かで、ゲッツーが取れるかどうかが決まる。

もうひとつつけ加えるなら、それだけ高度な技術を駆使しているにもかかわらず、その凄さが見えにくいのがセカンドの特徴だ。よほど目の肥えたファンでもなければわからないと言ってもいいだろう。いやファンどころか、同じプロ野球選手として、そのすぐ隣でコンビネーションプレイをしていたショートの僕自身が、実際にセカンドの練習を始めるまで、その難しさにほとんど気づいていなかったのだ。

三遊間への打球に飛びつき、グラウンドに倒れ込みながら、ファーストに送球してランナーをアウトにする。たとえばそういうショートの高い身体能力に、ファンは歓声を送ってくれる。それこそが内野手の醍醐味だと、ずっと思い込んでいた。そういうショートであることにプライドを感じていた。

セカンドへの転向をコーチから打診された時、表面上はともかく、内心では平静な気持ちでその話を聞けなかったのも、つまりは僕がセカンドというポジションについてよく知らなかったからだった。僕のショートというポジションに対するプライドは、自分の無知からくるものだった。

セカンドの練習を始めた最初の日から、僕はセカンドというポジションの難しさの虜《とりこ》になった。長年野球を続けてきたのに、こんなに面白いポジションがあるとは思わなかった。未知の天体でも発見したような気持ちだった。

困難を克服することの面白さ

セカンドが途轍もなく難しいと知って、僕はこのポジションに真剣に取り組んだ。

困難が大きいほど、大きく成長できることは言うまでもない。ただ、それだけではなく困難を克服することそのものに、人は喜びを感じる。その喜びの大きさは、困難の大きさに正比例している。

僕は物心ついた頃から、野球選手以外の職業に就くなんて、一度も考えたことがない。それは自分が野球選手に向いているからというだけでなく、それが自分にとっていちばん幸せな選択であると思っていたからだ。

その幸せの中身が何かと突き詰めれば、困難を克服する喜びと、その結果として得られる達成感の大きさということになる。

野球が僕にとって簡単なスポーツだから、野球選手になったわけではない。野球の練習をすればするほどその奥深さに圧倒されたから、自分の一生をかけても極めたいと思ったのだ。つまり僕は、野球の難しさの虜になった。

コンバートによってセカンドの難しさを知った瞬間、それまでのセカンドに対する僕の偏見は吹き飛んでしまった。それからは何かに憑《つ》かれたみたいに、セカンドの練習をするようになった。

基本の基本から始めたセカンド練習

どんな高度なテクニックであろうと、それを可能にするのは日々の地道な練習の積み重ねでしかない。僕はセカンド守備の基本の基本、リトルリーグの二塁手だってやっているような練習から始めた。

セカンドゴロを捕球し、足を運び、ファースト方向に身体を向け、しっかりと送球する。まずは速さを追求するのではなく、そういうすべての動作をバランス良く確実に行う練習だ。来る日も来る日も、その練習を続けた。

野球の練習に、特打ちとか、特守がある。

通常の練習に加えて、その選手のために行う特別の練習だ。特別練習だから、基本的には毎日ではないが、僕の場合はキャンプの期間中、その練習を毎日続けた。

もちろん守備練習は、一人でできるものではない。ボールをノックしてくれるコーチが必要だ。二塁手への転向を勧めた森脇コーチは、毎日その特守につきあってくれた。毎日最低でもボールケース3箱、すべてをノックし終えるには1時間以上かかる。一日の練習をすべて終えてからの練習だから、肉体的には厳しかった。けれど森脇コーチがそこにいる以上、弱音など吐けるわけもない。来る日も来る日も、セカンドの特守を繰り返した。

僕にはまだ自分が上達する喜びがあったけれど、コーチにとっては同じようなノックの繰り返しでしかない。今さらながらに、よく続けてくれたものだと思う。そのことは、いくら感謝しても感謝しきれない。

小脳に身体の動きを憶えさせる

同じ練習を繰り返すのは、小脳に運動をプログラミングするためだ。これはあくまで野球選手としての感覚的な説明になるが、身体の動かし方には2通りある。

ひとつは考えながら動かす方法。

練習を始めた頃がそうだった。打球を受けたら、ボールを右手に持ち替えながら、足を動かしてファースト方向に身体を向け、送球する。ひとつひとつの動きを、きちんと頭で考えて意識しながら行うわけだ。

そういう練習を続けていると、そのうち考えなくても、身体が動くようになる。

それが、2つ目の自動的な動かし方。

よく身体に動きを憶《おぼ》えさせると言うが、実際にその動きを憶えているのは、筋肉や関節ではなくて小脳だ。同じ動きを繰り返していると、大脳で考えなくても、つまり自分が意識しなくても小脳が自動的に動かしてくれるようになる。

まず考えながら動かす。その動きを何度も繰り返して、考えなくても動けるようにする。

自転車の乗り方を憶えるのも、箸の使い方を憶えるのも、仕組みは同じだ。

大脳で考えながらする動作には、考える分のタイムラグがあるから動きが遅くなる。さらに一度にいくつもの動きをコントロールするのは難しいから、どうしても動きがぎこちなくなる。なめらかな瞬間的な動きをするには、考えなくても動けるようにしなければならない。そのために同じ運動を繰り返し行っているわけだ。

ただし、この小脳支配の自動化された動きだけに頼っていると、進歩はそこで止まってしまう。考えずに動けるようになったら、今度はまたその動作についてよく考え直す必要がある。無駄な動きをしていないか、もっといい動きはないかと考えながら、小脳に擦り込んだ動きに微調整を加えなければいけない。

考えては動き、動いては考える。

その繰り返しによって、動きをより洗練されたものにしていく。

セカンドの練習を始めた時期に僕がやっていたのは、つまりそういうことだった。

最初はゆっくりと、考えながら確実に身体を動かす。

動きが小脳にプログラミングされ、考えなくてもその動きができるようになったら、少しずつ動くスピードを上げていく。

ノックにしても、厳密に言えば、ボールはひとつとして同じバウンドをするわけでもなければ、同じ場所に飛ぶわけでもない。どこにどう飛んでも確実に捕球し、安定したフォームで最短時間でファーストに送球できるようにならなければいけない。

そういう初歩の初歩から始めて、ゲッツーの様々なパターン、セカンドベースについたショートにトスを上げるとか、自分がセカンドベースについた時に野手からの送球を受けてファーストに送球するとか、その時にスライディングしてくるランナーをどう避けるかとか、あらゆるパターンの練習を繰り返した。キャンプ中だけでなく、試合で二塁手としてグラウンドに立っている間も練習は続いた。

どんなに練習しても、実際の試合では、たとえば上手くファーストに送球できなかったとか、ランナーを避けきれなかったということがある。そういう時は試合後に必ず森脇コーチとともに自分の動きをビデオで分析して、失敗の原因がどこにあって、どう動けばその失敗を回避できるかを考える。そしてその動きを、練習によって自分の小脳と身体に叩き込んでいく。

それでもセカンドに転向した最初の年は、これでいいのかどうか自分では判断できなかった。二塁手としてプレイはしていたけれど、はたして自分が上手くやれているのか確信が持てなかった。特に難しいゲッツーで二塁のベースカバーに立つような局面では、ショートやサードからの送球を受けてファーストに投げるのが精一杯で、ランナーの動きを見ている余裕もなかった。

グラウンドで起きているすべてのことが「視える」

なんとか自分の守備に納得できるようになったのは、セカンドを守るようになって2年目に入ってからのことだった。

感覚的に言えば、すべてがはっきりと見えるようになった。

打球を受けたサードやショートからの送球が右や左に逸れるのも、左から走り込んで来る走者がどこまで来ているのかも。そのすべてがはっきりと見えるから、どんな状況であろうとその状況下で可能な限り最速のスピードでボールを処理できるようになった。

送球が右へ逸れようが左に逸れようが、確実にキャッチしてセカンドを踏みつつ、間一髪のタイミングで足下に迫るスライディングを避け、身体をねじ曲げてバランスを立て直しながらファーストに送球する。

文字にすると、長い時間がかかっているように見えるかもしれないが、実際にはそのすべてを一瞬で処理している。ストップウォッチで計れば0・何秒という極めて短い時間の間に、それだけのことを余裕を持って行えるようになったのは、グラウンドで起きているすべてのことが見えるようになったからだ。

物理的に見ているのではなく、身体感覚と経験で「視《み》える」ようになったのだと思う。極端に言えば、バットにボールが当たった瞬間に、その打球がどこにどう飛び、誰がその球を捕球するかがわかる。

たとえばAというショートはこういう打球はこう処理して、こう投げるから、おそらく送球はかなり高い確率で左へ逸れる。そういうことまでわかる。

だから余裕を持って送球が左へ逸れても受けられる体勢に入りながら、同時にBというランナーがどのあたりまで走って来ているかを視野の片隅で確認し、そのランナーBのスライディングにはこういう癖があるから、こう避けようと心づもりしておくことができる。

そういうプレイを可能にしているのは、別に偶然でも何でもない。日々の地道な練習と、試合経験の積み重ねから始まる。

僕にすべてが「視える」ようになったのも、飽くことなくセカンドの守備練習を繰り返したからだ。

ショートから転向したばかりの頃に、ランナーが見えなかったのは、身体のバランスが悪かったからだ。不自然な姿勢から身体を立て直すのに精一杯で、周囲を見る余裕がなかった。バランス能力が向上して、不自然な姿勢でも考えることなく自然にバランスを立て直せるようになって、ランナーを見られるようになった。見ると言っても、ほんの一瞬の何分の1か、視界の隅でランナーの影を捉えるだけで充分だ。

その一瞬の何分の1かの余裕を作るために、様々な工夫を重ねた。

守備のために構えた姿勢で腰の高さをどのくらいに保てば、いちばんいいスタートが切れるか。その時右足から踏み出すべきか、左足から踏み出すべきか。自分の動きのひとつひとつを細かくチェックして、1秒の何十分の1でも時間を短縮する。ひとつは1秒の何十分の1でも、積み重ねれば一瞬の余裕を生むことになる。

スライディングを避けるために不自然な姿勢になった時に、その体勢からファーストへ送球するにしても、何パターンもの投げ方を練習して身につけた。どんな状況からでも素早く正確な送球をするためだ。ピッチャーやバッターの癖も徹底的に研究した。ピッチャーの配球を読み、打球の方向を予測できれば、すべての動きを余裕を持って行うことができるからだ。

本当のファインプレイは、実は目立たないもの

そういうことすべての積み重ねの結果として、僕は自分の守備に自信を持てるようになった。すべてのゲッツーチャンスをものにできるわけではない。たとえばボテボテの内野ゴロで、タイミング的にどうしてもアウトにできないということはある。けれど少なくとも二塁手の動きによって2つアウトが取れるケースなら、そのすべてを取る自信がある。

外野に抜けそうな打球に飛びついてキャッチすれば、ファンは歓声を上げる。身体の正面で両手でしっかり捕球しても、歓声は上がらない。

けれど身体の正面でキャッチできるのは、あらかじめそこに球が来ると予測して動いているからだ。バッターが打ったボールの飛ぶ方向を見てから動くのと、バットにボールが当たった瞬間にはその軌道を予想して動き始めているのと、どちらが上手い内野手かは考えてみるまでもない。

本当のスーパーファインプレイは、実は自然な動きにしか見えない。ゲッツーにしても、ぎりぎりのタイミングで成功した方がお客さんは喜ぶかもしれないが、本当に上手いセカンドなら、打者がファーストへ走り込む前にボールはファーストミットに収まっている。

一見、簡単に成立しているように見えるゲッツーの方が、実は遥かに高度なテクニックを駆使していたりするものだ。

必ず身体の正面で捕球しなければならないと言っているわけではない。日本では特に基本が大切と言われるから、応用の利かない選手は何が何でもボールを身体の正面で捕ろうとする。それではアウトにできないということも当然ある。それでも身体の正面で捕球することにこだわるのは間違いだ。

身体の正面で捕ったらアウトにできないと判断したら、シングルでもジャンピングスローでも、何でもやるしかない。成功の確率は低くなるけれど、正面で捕っていたらその確率はゼロでしかない。

もちろん、場合によってはスーパーファインプレイになってしまうこともある。けれどそれは、あくまでも次善の策だ。

基本的には少しでもアウトの確率を高めるために、できる限り身体の正面で捕るように心がける。選択肢があるなら、安全で確実な動きを選ぶ。その選択肢がない場合にだけ身体能力の限界まで発揮したスーパーファインプレイが許される。

もっともセカンドというポジションにおいては、スーパーファインプレイをしても普通の人の目にはあまり派手には映らない。

スライディングをジャンプして避けながら、同時にファーストに送球してアウトにするには、かなり高度な身体能力が必要とされるのだが、なかなかそこまでは見てもらえない。セカンドの上手さは多くの人に理解されにくい。燦然《さんぜん》と輝く黄金ではなく、いぶし銀の上手さだ。

趣味的かもしれないが、セカンドとしての自信を深めるにつれて、僕はそういういぶし銀の上手さを追求することに喜びを感じるようになった。ことに1点を争うような試合では、ひとつゲッツーを取れるか否かが試合結果を大きく左右する。そして優勝するチームとしないチームを分けるのは1点を競る試合でどれだけ勝てるかだ。

プロ野球がエンターテインメントである以上、たとえば派手なファインプレイでお客さんに喜んでもらうのが大切だということは理解している。

けれどそのエンターテインメントでいちばん重要なのはやはり、ひとつのチームが優勝を目指して全力で戦う姿を見せることだと思う。

優勝というただひとつの目標に向かって死闘を繰り広げるからこそ、そこに他のどんなエンターテインメントでも演出できない、人間と人間の本物のドラマが生まれる。それがプロ野球の魅力であり、ファインプレイが輝くのもその土台があってこそだと思う。

優勝に自分のすべての能力を傾けて貢献することが、プロ野球選手としての自分のなすべきことであって、そこにこそ自分の実力を発揮できる場があるということを、僕はセカンドにコンバートされることで深く知った。

メジャーにも自分より上手い二塁手はいなかった

メジャーリーグのシカゴ・ホワイトソックスに移籍したのは2005年のことだ。4月4日の開幕戦、クリーブランドのインディアンスとの試合に、2番打者、二塁手として初出場した。その年、ホワイトソックスはワールドシリーズを制覇し、僕はチャンピオンリングを手にすることになる。

それが野球選手として、これ以上は望むべくもない栄光だったのは間違いない。しかし、一人の野球選手としてそれよりも嬉しかったのは、メジャーリーグの舞台でも二塁手としての守備に自信を持てたことだ。確かにメジャーの二塁手は上手かったけれど、こいつには負けるという選手にはついに出会わなかった。

これは自信過剰ではない。客観的に見て、自分よりも上手く一、二塁間への打球を処理できる二塁手はいなかったし、自分よりも速くゲッツーを奪える二塁手も見たことがなかった。

「イグチのゲッツーは、どうして速いのか。どうすればそんなに速くできるんだ？」

チームメイトからは、よくそういう質問をされた。

「俺がマウンドに立つ時のセカンドは、絶対にイグチにしてくれ」

そう言って譲らないピッチャーもいた。彼の配球はほぼ完璧に読み切っていたから、打球がどこに飛ぶかをかなり正確に予想することができた。

僕はそこに移動して待っているわけだから、セカンドの守備範囲に飛んだボールがセンターに抜けることはまずなかったし、取れるゲッツーを取りこぼすことも絶対になかった。観客の目には、ただセカンドがセカンドゴロを捕り、ゲッツーを処理しているだけのように映っていたかもしれないけれど、そのピッチャーは僕がセカンドとしてそこにいることの意味をよく理解してくれていた。

結果的にアメリカを離れる決断をしたのも、結局のところは、そういう自分自身のセカンドというポジションへのこだわりだった。

今だから書いてしまうが、メジャーリーグの最後のシーズン、翌年の契約を巡って交渉していた時、僕はある球団からサードのポジションなら保証できるというオファーを受けていた。複数年契約で、年俸もかなり満足できるオファーだった。

そのチームには長期契約でセカンドのポジションをギャランティされた選手が他にいた。僕をレギュラーとして使うには、他のポジションにコンバートさせるしか方法がなかったのだろう。

サードをやれる自信がなかったわけではない。怪我による故障でそのシーズンはあまり活躍できていなかったから、メジャーリーグでもう一暴れしてみたいという気持ちも強かった。そう言う意味では願ってもないオファーだったのだが、考え抜いた挙げ句に断った。やはり僕はセカンドとして、自分で磨いた技術で勝負したかった。

その選択については後の章で書くが、僕はセカンドとしてプレイできる日本の球団を選ぶ決意をした。二塁手を極めるという自分の選択が間違っていなかったことを、僕はメジャーリーグで確信した。二塁手であることが僕のアイデンティティになっていたのだ。

見ることよりも、やってみることが大事

誤解をしないでほしいが、僕がこの章で伝えたかったのは、ショートよりもセカンドの

方が大切なポジションだとか、あるいはセカンドというポジションが野手の中でも特に才能を必要とするポジションだというようなことではもちろんない。

どんな仕事にもその仕事を実際にしている人にしかわからない難しさがあり、野球の9つのポジションにだってそれぞれの難しさと、そして面白さがある。

僕が理解したのは、そういう当たり前のことと、人間の潜在能力の深さだった。

つまりセカンドというポジションには、セカンドなりの難しさがあるという当然のことを悟ったのだ。

これは考えてみれば、すごく不思議なことだ。何と言っても僕は、物心のつく前から野球を始め、毎日のように野球の練習をして、何百回も何千回も試合をしてきた。野球のことなら何でも知っているつもりだった。にもかかわらず、ショートという自分のポジションのすぐ隣のセカンドの難しさを、ほとんど何も知らなかった。

百聞は一見にしかずと言う。人に百回話を聞くよりも、自分の目で一度見る方が物事の真実がよくわかるということだろう。

けれど、僕の経験から言えば、見ているだけではまったく不充分なのだ。ショートとして僕は何百回も、ゲッツーに関わった。様々なゲッツーのパターンで、二塁手がどう動くかをつぶさに見てきた。それでも、その難しさの100分の1も理解してはいなかった。見ているだけでは、絶対に理解できないことがある。ほんとうに理解するためには、自分自身がやってみるしかない。

最近はインターネットの普及のおかげで、パソコンの前に座るだけで、世界中の様々な情報を見ることができる。僕も大好きで、休みの日には気がつくと、一日中ネットの世界に潜り込んでいる。

たとえば、世界各地の不動産の価格変動をチェックするだけでも、様々なことがわかる。新聞やテレビのニュースは世界同時不況と言っているけれど、それが現実の地価にどういう影響を与えているのか。ある地域は地価が上がっているけれど、その原因はいったい何なのかというようなことを考えるのが好きだ。メディアから一方的に供給される情報だけでなく、そういう生の情報を個人が自由に獲得できる時代になったこと自体は、素晴らしいことだと思う。

けれど、その一方で、自分がものすごく頭でっかちになっているんじゃないかと思うことがある。自分がインターネットで見ただけのことで、世界を理解したつもりになっていると、いつかとんでもないしっぺ返しを喰らうんじゃないか。

もちろん世界にこれだけ情報があふれている現代において、自分の経験したことだけで世界を知るのは無理な相談だ。様々な二次情報や三次情報を取捨選択して、自分なりの世界観を構築していくしかないことはわかっている。

けれど、それで世界を自分が知っているつもりになるのだけはやめようと思っている。自分がほんとうに知っていることと、見て知っているだけのことを、きちんと心の中で分けておきたいと思っている。

使い古された言葉だけれど、それは要するに、謙虚になるということだ。僕はセカンドのプレイを見ただけで、そんなことは誰にでもできる、簡単だと思っていた。もしもあの年、森脇コーチにセカンドへの転向を勧められていなかったら、今もきっとそう思い込んでいたに違いない。そう考えると、恐ろしくなる。セカンドを経験しなければ、僕の野球に対する理解はきわめて浅いままだったはずだから。

森脇コーチが指摘したように、セカンドに転向することで、僕のボディバランスは大きく改善された。2割台の前半で頭打ちになっていた打率は、セカンドを守るようになってから一転して上昇し始めた。前の章で書いた盗塁の効果もあったけれど、ボディバランスが改善されたのもその大きな理由だ。

もし自分の人生に行き詰まったら、自分の心の中に潜む偏見を捨てて、物事に対して謙虚になるべきだろう。見ているだけでは、絶対に理解できないことがある。ほんとうに理解するためには、自分が経験してみるしかない。

僕はセカンドが難しいポジションだということを知った。だから、夢中になってセカンドの練習をした。そして、このポジションなら誰にも負けないという自信を得ることができた。セカンドは今や僕のアイデンティティになったけれど、それは僕の内側にあったものではない。セカンドの技術を磨くことで、僕がセカンドになったのだ。

第三章

ホームランより価値のあるポテンヒットがある

たいていのルーキーが直面する問題

「あの時なぜ、あの人の言うことをもっと真剣に聞かなかったのか」という後悔は、ある程度の年齢に達した人なら、きっと誰にでも心当たりがあるはずだ。若い頃は、年寄りの小言が耳に入らなかった。保守的で時代遅れの年寄りの繰り言など、聞くだけ時間の無駄だと思っていた。

要するに、視点の問題なのだ。経験を積むということは、前よりも高い場所に辿《たど》り着くということだ。その高さから見下ろすから、眼下の若者の行く手に何が待っているかが見える。道の先に危険な断崖があるのが見えたら、なんとかして教えてやりたくなるのが、人の自然な感情だろう。お節介には違いないかもしれないが、その場に立てば誰でもそういう気持ちになる。人生の先輩の小言には、ちゃんとした理由がある。

自分も歳《とし》を取ってみて、そういうことがわかるようになった。若い頃に耳を貸さなかった忠告を思い出して、なぜあの時に聞かなかったのか、聞いていれば自分の人生はもっと違ったものになっていたかもしれないと思う。

しかし若者が、年寄りの忠告に耳を貸さないのにも理由はある。自分には見えないものを、いくら見えていると言われても、そう簡単に信じることはできない。しかも先輩の忠告のすべてが、自分にとって正しいとは限らない。

他人の経験のすべてが、必ずしも自分の役に立つわけではない。ましてその忠告というものが、人によって随分違っていたりする。若い時の苦労は買ってでもしろと言う人もいれば、苦労なんてしないに越したことはないと言う人もいる。

プロ野球の世界に入ったばかりのルーキーは、たいていこの問題に直面する。まわりはすべて先輩だ。右も左もわからないひよっ子に、何かを教えたがる先輩がうじゃうじゃしている。

いや、この書き方は不公平かもしれない。先輩からすれば、教えたがっているわけではなくて、なんとかしてやりたいと思っているだけなのだから。ましてコーチや監督にとっては、若手を育てることは重要な仕事の一部だ。右も左もわからない若者に、右と左を教えるのは、先輩としての当然の義務でもある。

助言に惑わされ続けた日々

しかし、そのことと、様々な周囲の助言や忠告が本当に新人の役に立つかどうかは、また別の話だ。もちろん役に立つ助言もあるだろうけれど、僕自身の経験を言えば、むしろ惑わされることの方が多かった。

新人の頃、打率が伸び悩み、悩めば悩むほど、周囲の人は僕に様々な助言をしてくれた。グリップの上げ下げ、スタンスの取り方、構え方、バットの振り方……。助言はバッティングを構成するありとあらゆる細部に及んだ。

そしてさっきも書いたように、その助言の内容が、人によって結構違っている。極端に言えば、正反対のことを言う人もいた。それでは迷わない方が不思議だ。

言っていることが正反対だとしても、実は深い部分で同じことを言っていたのだということが、今では理解できる。それは今の自分が、しっかりした軸を持っているからだ。自分のバッティングのスタイルが確立しているから、他の人からのその助言を嚙み砕いて理解できる。

たとえばグリップをもっと上げた方がいいと言われたとしても、その言葉をそのまま鵜呑みにすることはない。なぜその人が、僕のグリップが下がっていると感じるのかを理解して、そこから自分にとって意味のある情報を得られる。

助言や忠告というものには、それぞれに意味がある。いい加減な助言をする人は、少なくともプロにはほとんどいない。ただ、その表現方法が人によって違う。自分というものが確立していないと、その表現の違いに惑わされるということなのだ。

自分をしっかり確立しなければ、いくら貴重な助言を貰っても、結局は周囲の意見に振り回されるだけで終わってしまう。惑わされている限り、自分のスタイルを確立することなどできはしない。

そしてこの堂々巡りから脱出しない限り、壁を乗り越えるのは不可能だった。

王監督から風呂場で受けたアドバイス

そういう意味で、王監督は、素晴らしくアドバイスの上手い人だった。監督という立場もあったのだろうが、目先の話などは一切しない。そのかわり僕の見るべき遠い目標について話してくれた。

あれは、練習前に球団の風呂場でシャワーを浴びていた時のことだったと思う。

サウナ室から出てきた王監督が隣に立った。

「俺も入団したばかりの頃は、三振王って呼ばれていたんだよ」

何気ない世間話のように、監督は話し始めた。

監督にもいろいろなタイプがある。選手と個人的な会話をほとんどしない監督もいるが、王監督は当時の僕のような若い選手にもよく話しかけてくれた。シャワーを浴びながら、王監督は自分がどうやって三振王の汚名を返上したかという話をしてくれた。

バッターにとって、ベストなスイングは素振りだ。素振りの時は、誰だってその人の100%のスイングをしている。バッターボックスに立って、その100%の素振りをすれば必ず打てるはずだ。けれど実際にはそれができない。バッターボックスに立った途端に、自分のタイミングとバランスでバットを振るのが極めて難しくなってしまう。

それは先手を握るのがピッチャーだからだ。ピッチャーはあらゆる手段を使って、バッターのタイミングを崩しにかかる。直球と変化球を織り交ぜ、モーションを変え、あるいは変えずに、バッターが自分のタイミングでバットを振るのを妨げる。タイミングが崩れれば、バランスも崩れる。タイミングとバランスが崩れたスイングでは、自分の思うようにボールを飛ばせないのは当然のことだ。

しかしそのピッチャーのタイミングを奪うことができれば、バッターはそのタイミングに合わせて自分のスイングをすることができる。それさえできれば、あとは空中を飛ぶボールにバットが衝突し、物理法則に従って勝手に飛んでくれる。

つまりピッチャーとバッターの戦いの本質は、タイミングの奪い合いなのだ。先手を握るピッチャーは、自分のタイミングで投げる。そのタイミングをいかにして奪うか。ピッチャーとバッターの勝負は、それで決まると言ってもいい。

「俺が打てなかったのは、そのタイミングを自分のものにできなかったからだ」

悩みに悩んで、そのことにようやく気づいたのだと王監督は言った。

ピッチャーのタイミングに合わせるために、ピッチャーが足を上げたら、自分も足を上げる。ピッチャーが足を下ろしたら、自分も足を下ろす。そうやってピッチャーがボールを投げるリズムに乗ることで、王監督はピッチャーのタイミングを自分のものにできるようになった。そして三振王がホームラン王になったのだ。

迷いの最中にいた僕は、この話を聞いて目から鱗《うろこ》が落ちた気がした。

グリップを上げるとか前に出すとか、スタンスをどうするとかいうような話とは、まったく別の次元の、バッターとピッチャーの戦いの本質についての話だったからだ。自分のスタイルも確立できていない当時の僕のレベルでは、王監督の話をそのまま自分に応用してバッティングに開眼するというところまではいかなかった。それでもその話を聞いてから、ピッチャーの何を見て戦うべきかがわかるようになった。

ボールの軌跡が筒状に見えた王監督

重要なのはタイミングであり、リズム。昔の言い方なら、呼吸と言ってもいいかもしれない。相手の呼吸に自分を合わせ、相手の作り出すリズムに乗って、相手のタイミングを自分のものにする。

それはつまり、平常心で戦うということでもある。バッターボックスに立って、自分の素振りをすればいい。練習グラウンドと同じように、無心でバットを振ればバッターは勝てる。

もっともこの話には続きがあって、王監督はさらにちょっと信じられないような話もしてくれた。ボールの軌跡が筒のように、パイプのように流れてくるのが見えるようになると言うのだ。

ボールは空中を飛ぶ点ではなく、水道管のパイプのようなものだ。ピッチャーの手を離れた瞬間に、そのパイプが見える。そこにバットを振ればいいだけのことだと、王監督は言った。自分が打つべきでないボールは、そのパイプが見えないとも言った。ストライクゾーンに入らない球、カーブやボール球は、ピッチャーが投げた瞬間に自分の視界から消えてしまうのだ、と。

40歳にして「自分のホームランが打てなくなった」という言葉を残して引退した王さん。その年も30本のホームランを打っていた人だ。さすがにその感覚は、今の僕でも理解の範囲を超えている。

それでも、王監督の言葉は、迷いの中にいた僕の心を励ましてくれた。そういう境地があることを僕は知った。そしてその境地に達した王監督でさえ、自信を失い、壁に頭を打ちつけて、悩み抜いた時期があったのだということも。自分の突き当たった壁などは、何ほどのことでもない。自分も必ずこの壁を乗り越えてやる。そう心に誓うことができた。

だからと言って、壁が薄くなったわけでも、低くなったわけでもないのだが。

逆に言えば、これは若者にアドバイスする側の教訓でもある。アドバイスをする人間は、若者が自分のスタイルを確立していないことを考慮すべきではないだろうか。

人間はロボットではない。右を向けとか、左に行けと言われて、その言葉通りに動くことなどできはしないし、万が一、できたとしても、本人のためにはほとんどならない。なぜ右を向くべきなのか、左に行くべきなのか、自分で理解してそうするなら意味もあるけれど、実際にはそれが理解できないから悩んでいるのだ。

だから後輩にアドバイスする場合には、自分に見えているものすべてを話すのは、逆に相手を混乱させるかもしれない、ということを知るべきだろう。もちろん相手によっては、手取り足取り教えてやった方がいい場合もあるかもしれない。けれど基本的には、もっと大きなこと、迷いから抜け出すための道しるべのようなものを教えてやるべきだと思う。

壁があったからこそ、僕は自分自身を見つめ直すことができた。自分がどんなタイプの野球選手なのかということ、自分がどういう方向へ進むべきかということを、考え抜くことができた。

その意味では、壁は飛躍のチャンスでもある。壁に突き当たるということは、それまでの自分ではもはやこの先へは進めないということだ。どういう形であるにせよ、自分を変えなければ、壁を乗り越えることはできない。

成長しているから、壁に突き当たる。壁が見えたということは、それだけ成長したということでもある。その壁を越えることで、人はさらなる成長を遂げる。

僕の場合は、成長しなければ、それで野球人生は終わっていただろう。

バットを振っているだけでは、バッティングは上達しない

壁を正面突破するのは難しい。どんなに努力しても乗り越えられないということは、自

分の考え方の本質的な部分に何か間違いがあるということになる。

　バッティングの伸び悩みが、僕の突き当たった問題だった。バッティングの練習を嫌になるほど繰り返しても結果が出せなかった。ところがバッティングの練習だけではどうにもならなかった成績が、セカンドに転向し、盗塁王を狙うようになり、王監督の話を聞いてピッチャーのタイミングを意識するようになってから、少しずつ伸び始めた。

　問題を抱えていると、人間というものはどうしても、そのことばかり考えてしまう。他のことなど考えられないという心境に陥るのは、仕方のないことだと思う。

　しかし、そういう精神状態では見えるものも見えなくなってしまう。バットを振っているだけでは、バッティングは上達しない。それはバッティングが、バットを振るだけの行為ではないからだ。

　たとえば盗塁の数を増やすために、僕は夢中になってピッチャーの癖や配球を読むようになった。自分の打席でそれをするのは当たり前だが、盗塁を成功させるには、自分の後の打順のバッターに対している時のピッチャーの癖や配球も読まなければならないからだ。その結果として、自分の打席での配球の読みの精度が飛躍的に高くなった。それが僕の打撃の成績に影響を与える。

考えてみれば当たり前のことだが、バッティングのことしか考えていなかった時には、そんなことにも気づかなかった。

セカンドに転向したのも、別にバッティングを良くしようと思ってのことではなかったが、結果的にバッティングの成績は向上した。セカンドを守るようになって、僕のボディバランスが向上し、それが影響を与えたからだ。

バッティングの練習だけをしていたら決して得られなかったものを、一見何の関係もなさそうな盗塁とセカンドというポジションから得ることができた。

そして、少なくとも盗塁を狙ったり、セカンドの練習をしている間は、バッティングのことを忘れていた。

その忘れることが、逆に良かったのだと思う。バッティングにとらわれて硬く凝り固まっていた心が、まったく違う何かに集中することで解きほぐされた。ピッチャーの配球が読めるようになったとか、ボディバランスが向上したというだけでなく、心が柔軟さを取り戻したことが、壁を乗り越える契機になった。

そしてある日、僕は奇妙な練習風景を目にする。

極端に後ろに置いたティーバッティング

2002年のことだ。僕はその日戦う西武ライオンズの試合前の打撃練習をベンチから眺めていて、奇妙なことに気づいた。すべての選手ではなかったが、何人かの選手のティーバッティングのティーの位置が、普通ではなかった。

ティーの位置は、バットがボールにミートする位置だ。

素振りをして、自分がどの位置でボールを打つか想像してほしい。右利きの人なら、それはバットを構えた自分の左腰の前あたりになるはずだ。プロだって、そこで打つのが普通だ。だから右バッターの場合なら、ティーは左腰の前あたりに置く。

ところが西武ライオンズの何人かの選手は、その普通のミートポイントよりもひどく後方の、キャッチャー寄りの場所にティーを置いて打っていた。

左腰の前で打つべきボールを、右腰の前で打てばどういうことになるか。振り遅れてファールになるか、前に飛んでも、いわゆるどん詰まりの凡打になるに決まっている。

バットを振るのはバットにスピードを与えるためだ。ピッチャーの手元を離れたボールはキャッチャーミットに向かって猛スピードで飛んでいく。ボールの質量×スピード＝運動量。その運動量のベクトルを正反対の方向に弾《はじ》き返すためには、バットに充分な速度が加わっていなければならない。

ティーをキャッチャー寄りに置くと言っても、その差は30センチからせいぜい50センチというところだ。けれど、その30センチの差は大きい。バットを振り始めるトップの位置から、左腰の前までのバットヘッドの移動距離は腕の長さにバットの長さを足して考えても2メートルがいいところだろう。その2メートルのうちの30センチなのだ。

トップスピードに達したバットがボールをミートしてはじめて弾き返せるのに、その30センチも50センチも手前でボールにミートさせたら詰まった当たりになるはずだ。しかもその位置で打つバッターは、きわめて窮屈な姿勢を強いられることになる。

いったい何のためにそんな練習をするのだろうか。

バッティングだけに限った話ではないが、スポーツにおいては「自分のイメージ」が極めて重要な意味を持つ。自分の身体を自分が考えたように正確に動かせるなら、何も問題はない。しかし実際には、なかなかそういう具合に身体は動かない。むしろ身体は、自分の考えたようにではなく、自分の持っているイメージに従って動く。

バッターボックスに立って三振した時のことを思い出せば、その打席も三振するのがオチだ。だからバッティング練習では、できるだけ気持ちよく打とうとする。最高のバッティング、たとえばピッチャーの頭上遥かに高く舞い上がりバックスクリーンに目がけて飛んでいく、そういう自分の最高のバッティングをできるだけ再現しようとする。

日本のプロ野球のバッティングピッチャーは、そういう意味では、おそらく世界一だと思う。バッターがいちばん気持ち良く打てる場所に、正確にボールを投げてくれる。プロ野球選手なら、10球のうち7本か8本は確実にホームランにできるだろう。

僕にしても、いつもそういうバッティング練習をして、できるだけいいイメージで打席に立つことを心がけてきた。ティーバッティングにしても、それはあくまでもボールをバットの真芯で捉える感覚をつかむための練習だった。

ライオンズの何人かの選手は、敢えてそういう練習を避けているようだった。試合前だというのに、わざわざ打ち難《にく》いポイントにボールを置いて、窮屈なバッティング練習を飽くことなく繰り返していた。

なぜ、そんな練習をするのか。気になって仕方がなかった。

金森栄治打撃コーチとの出会い

その奇妙なバッティング練習を指揮していた打撃コーチ、金森栄治さんがその翌年、スコアラーとして福岡ダイエーホークスに移籍してきた。

「カブレラや和田さんは、どうしてあんな後ろにティーを置いて練習するんですか？」

アレックス・カブレラ選手と和田一浩選手のティーの位置がかなり後ろ寄りだったことを思い出しながら金森さんに質問すると、逆にこう聞かれた。

「お前はティーをどこに置いてるの？」

「いや、普通に左腰の前くらいに置いてます」

僕がそう答えると、金森さんは我が意を得たりという顔になった。

「だからダメなんだよ。お前みたいな選手こそ、もっと後ろで打たなきゃ」

現役時代の金森さんは、デッドボールに当たってでも塁に出るという、どちらかと言えば、頭より身体で野球をするタイプの選手だとばかり思っていたのだが、その印象は完全な誤解だった。話してみると、金森さんは野球理論の宝庫だった。それも通り一遍の常識論ではなく、自分の経験と実践を土台にした血の通った、生きた野球理論だ。後のことだけれど、金森さんはこういうことを言っていた。

「俺はお前に野球の一から十まで教えることはできない。お前に教えられるのは、せいぜい一から六くらいまでだろう。そこから先はお前が自分でつかまなきゃいけない。つかんだらそれを俺に教えてくれ。その感覚を俺は知りたいんだ」

理論家であるだけでなく、金森さんは野球に対する深い愛情を持つ人でもあった。

金森さんに初めてティーの位置を質問したのは、忘れもしない2003年の春のキャンプだった。確かロッカールームだったと思う。金森さんはその場で、なぜ僕もティーをキャッチャー寄りに置くべきなのかを、筋道立てて説明してくれた。

その日から、僕は金森さんの弟子になった。その奇妙な練習法に説得力があったというだけの理由ではない。その説明を聞いて、僕は自分の不振の本当の原因が何だったのかをはっきり理解した。知ってしまえば、それはあまりにも単純だった。

僕が壁に突き当たったのは、自分というものがわかっていなかったからなのだ。

自分の打球が右に飛んでいた理由

僕の打つホームランは、ライトスタンドに飛ぶことが多い。それはリトルリーグ時代からずっと続いていて、中学でも高校でも、ホームランはほとんど右方向だった。プロ入りしてからも、広角に長打が打てるというので、「恐怖の9番打者」なんて渾名を貰ったわけだ。ライトスタンドへのホームランはプロ野球では珍しくもないが、それは左バッターが少なくないからでもある。右バッターの僕が、なぜライト方向にばかり長打を飛ばすのか。冷静に考えてみれば不思議な話なのだが、僕はそのことの意味を深く考えたことがなかった。

「お前はどうして自分の打球が、右へ飛ぶかわかってるのか？」

金森さんにそう聞かれても、僕には答えることができなかった。

右バッターの打球がライト方向へ飛ぶのは、普通に考えれば振り遅れているからだ。自分もそうなのだろうと、漠然と思っていた。

振り遅れてもホームランになるのは、長打力があるからで、引っ張ればもっとホームランは増えるはずだというくらいの考えしかなかった。プロに入って3年目、１９９９年のシーズンはホームランが14本だった。そのうちの半分は右方向だったのだが、その時にも「お前はもっと引っ張れば30本は打てる」と人に言われて、そういうものかと納得した憶えがある。

それは間違いだと、金森さんに言われた。僕の打球が右へ飛ぶのは、僕が無意識のうちにボールを自分の身体に引きつけて打っていたからだ。ボールを打つポイントが普通よりも後ろにあるから、打球は右方向へ飛ぶ。それは僕のスタイルであって、直すべきものなどではない。むしろ、僕のバッティングの長所なのだと。

つまり僕は、自分というバッターがわかっていなかった。わからないまま、自分はどうすれば打てるようになるのかと考えていた。

打率が伸び悩んでいたのは、それが自分の長所だなどとは夢にも思わず、むしろ矯《た》めるべき欠点とすら考えていたからだ。たとえばホームランを増やそうと無理に左へ引っ張るのは、僕のような打者にとってマイナスでしかない。フォームを崩し、打てるボールも打てなくなってしまう。そのことに気づいていなかったから、何をやっても上手くいかなかった。それこそが僕の伸び悩みの原因であり、壁に突き当たった理由だった。

わかってしまえばこんな簡単なことはない。壁を乗り越えるには、その自分本来のバッティングを磨けばいい。金森さんの、後ろに置いたティーバッティングは、そのためには欠かせない練習でもあった。

引きつけて打つバッティングへの挑戦

金森さんに弟子入りしたその日から、僕はその奇妙な練習を始めた。金森さんは僕をロッカールームから室内練習場に引っ張り出して、実際にその位置にティーを置いてティーバッティングをしてみろと言った。

頭で理解することと、身体で実行するのはまったく別のことだった。引きつけて打つのが僕のスタイルであることは理解しても、今までの練習より30センチも50センチも後方のティーに置いたボールを打つのは至難の業だった。

金森さんはティーバッティングだけでなく、フリーバッティングでもボールを引きつけて打つ練習をさせた。「左腰で打てば2割5分、右腰で打てば3割」というのが、金森さんの口癖だった。「練習で気持ちよく打っては駄目だ」とも言っていた。

その言葉に嘘はなかった。辛いバッティング練習が延々と続いた。ティーバッティングはまだいいとして、フリーバッティングでもボールがさっぱり前に飛ばないのだ。

優秀な日本のバッティングピッチャーのボールを、ポンポンと外野スタンドに打ち込むのは気持ちがいいと書いたが、それどころではなかった。

なにしろバッティングケージから外に球が出ない。ピッチャーがホームランを打つには絶好のボールを放る。そのボールをぎりぎりまで引きつけて、苦しいスイングをする。ガツという鈍い音とともに、打球は真横に飛び、ケージの網を揺らして落ちる。その春季キャンプはもとより、オープン戦に入ってからもそういう状況が続いていた。

金森さんの引きつけて打つバッティング理論を聞いて、彼に指導をお願いした選手は僕の他にも何人かいた。最初は10人近くいた。その人数が日ごとに減っていった。プロ野球選手は、一寸先は闇の世界に住んでいる。結果がすべての競争社会で、結果を出せなければクビになる。

金森さんは「いい打者はみんなボールを引きつけて打っている」と言った。

確かに昔のビデオを調べると、3000本安打の張本勲さんもあの王監督も、ボールをかなり後ろの位置でインパクトしていた。けれどその理論がいくら魅力的でも、成果が上がらなければ、いつまでもしがみついているわけにはいかない。

春季キャンプとオープン戦は、監督やコーチが選手達の調子を見極め、そのシーズンの起用を決める重要な時期でもある。どんなに熱心に練習していても、フリーバッティングでケージから外にボールが出ないような選手を使うわけにはいかない。金森塾を抜ける選手が続出したのも無理はない。僕にしたって、チームメイトや他のコーチから「そんなことやっていて大丈夫か？」と、かなり心配された。

ボールを引きつけて打つと、バットを振る距離がそれだけ短くなる。その短い距離でバットスピードを充分に上げなければ、ボールを前に飛ばすことはできない。

引きつけて打つのが僕本来のスタイルとはいえ、それをはっきり意識して打つのは難しかった。バットスピードを上げるために構え方や手首の返し方に工夫を凝らし、なんとかいいスイングができるようになってからも、ボールを引きつけるのを意識しすぎて振り遅れたり、空振りしたりすることが多かった。

ボールをバットの真芯でとらえるとよく言うけれど、その真芯はほんとうに狭い範囲なのだ。芯を1ミリ外しただけでも、飛距離は10メートル単位で変わるはずだ。5ミリ外せば前に飛ぶはずの打球が、キャッチャーフライになっても不思議はない。そしてたとえその真芯でとらえたとしても、そこでバットに力とスピードがしっかり乗っていなければ、ボールの勢いに負けて打球はまともに飛んでくれない。

打球が真横に飛んでケージを揺らすたびに、後ろで見ていた金森さんが「よし、もう少しだ！」と声をかけてくれた。彼の目には、あと何センチか、何ミリかで、ボールが前に飛ぶのが見えるのだろう。けれど、他の人の目にはそういう風には映らない。バッティングピッチャーを相手に、僕は延々とファールを打ち続けた。

進歩がまったくなかったわけではない。春のキャンプが終わる頃までには110キロくらいの球なら、なんとか前に飛ばせるようになっていた。バッティングピッチャーが打たせるために投げてくれた球だ。もちろん、試合でそんなボールを投げてくれるピッチャーはいない。このままこの辛い練習を続けたところで、真剣勝負で投げる140キロ、150キロのボールを打てるようになる保証はどこにもない。

オープン戦に入ってからも、状況はさして変化してくれなかった。果たして開幕に間に合うだろうか。そもそも、こんな状態の僕を監督は使ってくれるだろうか。一寸先は闇どころか、毎日が闇の中だった。

けれど僕は何が何でも、そこにしがみついてみようと思った。しがみつくしかなかったとも言える。それが僕本来のバッティング・スタイルであり、それを生かせなければ、おそらくこの先に野球選手として生きる道はないのだ。

気がつけば、金森塾の生徒は、僕とジョー（城島健司）の二人だけになっていた。

ボールを引きつけて打つことのメリット

引きつけて打つバッティングには、有利な点がいくつもある。

まず第一に、ボールの変化をぎりぎりまで見られるということだ。

たとえばツーシームで投げるボールは、打者の手元で微妙に変化する。普通に左腰の前でボールを打つバッティングでは、その変化に対応するのが難しい。引きつけて打つということは、それが30センチであれ50センチであれ、それだけボールを後ろで打つということであり、手元での変化にも対応できるということなのだ。フォークにしても、それがボール球かストライクゾーンに入るかを見極めて、打つか打たないかを判断できるというわけだ。

それから第二に、内野ゴロでもヒットになりやすいということ。これは普通の人には理解し難い話かもしれない。

内野手にとって、苦手な打者というものがいる。

たとえば、僕にとっては和田一浩さんがそうだった。金森さんが西武ライオンズの打撃コーチをしていた時代に、後ろに置いたティーで練習をしていた人だ。和田さんがバッターボックスに入ると、僕はよく緊張したものだ。

彼の打球は、何でもない内野ゴロでも、捕るのが難しい。打球に癖があるわけではない。ボールをミートするタイミングが遅いのだ。それはつまり、普通の打者よりも後ろで球を打っているということになる。

もちろん後ろといっても、その差は数十センチに過ぎない。時速150キロのボールは

1秒間に41・6メートル進む。その数十センチの距離を飛ぶのにかかる時間は0・01秒というところだ。タイミングの差は0・01秒でしかないが、その0・01秒が守備においては極めて重要な意味を持つ。

これも感覚的な話だが、内野手はバットにボールがミートした瞬間に打球が飛ぶ方向を予測して動き始める。

もちろんそのためにはピッチャーが投球フォームに入った時から全身の神経を研ぎ澄まし、バッターがスイングしてボールを打つタイミングを、自分の内的感覚で計っているわけだ。陸上競技の短距離走と同じで、スタートのピストルがドンと鳴るのを聞いてから動き出したのでは遅い。

ところが和田さんのバッティングは、このドンが一瞬遅れる。そして次の瞬間には、打球が自分の2メートル右を飛んでいく。あるいは左に飛ぶと予想して動き出したのに、右へ飛んでいく。金縛りに遭ったように、動けなくなる。つまり裏をかかれるわけだ。

そういうことが何度もあった。内野手の横2メートルの打球は普通なら確実にアウトだが、引きつけて打つ打法は内野手の守備のタイミングを狂わせるから、アウトのはずがセーフになるケースが、少なからずあるのだ。

そして第三が、どん詰まりでも力のある打球が打てるということ。

振り遅れでバットに当たった打球には勢いがない。ボールを芯でとらえていない上に、バットスピードが上がる前にミートするわけだから、これは当然のことでもある。引きつけて打つバッティングはそういう場合でも、打球の勢いがぜんぜん違う。自分の身体に引きつけたポイントで打つべく、バットスピードを充分に上げているからだ。

だから、たとえジャストミートしなくても打球に力が乗る。内野正面のフライに終わるはずのボールが、内野手の頭を越えてヒットになる。インコースに詰まらされた当たりが、しぶとくレフト前まで転がっていく。

ピッチャーの身になってみれば、これほど腹に応えるヒットはない。打球を詰まらせたと言うことは、ピッチングではバッターに勝ったということだ。にもかかわらず、その打球がヒットになる。それはしっかりバットを振り抜かれた証拠だ。そうでなければ、打球が内野手の頭の上を越えることはない。つまり力でねじ伏せられたわけだ。

腕力で勝てない相手と喧嘩をする時のように、ピッチャーは自分がどんな最高のピッチングをしても、また力で持って行かれるんじゃないかという無力感にとらわれる。打ち取ったにもかかわらず外野に飛んだ打球は、ボディブローのようにピッチャーを打ちのめす。

野球がどこまでも勝負である以上、相手のピッチャーを精神的に崩すのも立派な戦術であり、引きつけて打つバッティングにはそういうメリットもある。

勝負を決めるのは泥臭いヒットである

こう書くと、引きつけて打つバッティングはメリットはあっても、なんだか姑息な打法に思われてしまうかもしれない。内野ゴロでもセーフになるとか、どん詰まりでもポテンヒットになるとか……。確かに胸のすくようなホームランや、三遊間を綺麗に抜けていくヒットに比べたら、派手さに欠けるかもしれない。

誤解のないように言いそえるなら、この打法だって、ジャストミートすれば、ホームランだってあるし、痛烈なライナーだってもちろんある。ただ、この打法の妙味は、そういういわゆるいい当たりを外した打球でも、ヒットにする可能性が高くなるところにある。

そもそも1シーズンでヒットを200本打ったとしても、綺麗なヒットというのは100本もない。バットがカーンという気持ちのいい音をたて、綺麗な角度で飛ぶライナー性のヒットなんて10%にも満たないだろう。ホームランにしても、ほんとうに美しい弧を描いて飛んでいくのはせいぜい15%くらいのものだ。

そういうことは直径6センチのバットの芯と7センチのボールの芯が正確に重なってはじめて実現するわけで、むしろ例外と言ってもいいかもしれない。実際には美しいヒットよりも、地味なヒットの方が遥かに多いのだ。

ピッチャーが投げた読み通りのコースの読み通りのボールを、身体の軸をしっかり回転させて打てば、綺麗なヒットや美しいホームランは打てる。けれど実戦では、そう上手くコトが運ばないことの方が普通だ。

そういう意味で、勝負を決めるのは、しばしば地味で泥臭い、ただのヒットなのだ。引きつけて打つバッティングなら、普通ならアウトになってもおかしくない場面でも、そういうヒットを打てる可能性が大きい。1点を争うような試合で、その1本のヒットにどれだけの価値があるかは考えてみるまでもない。チームに貢献もできるし、もちろん自分の打率も上がる。

バッターにとって3割という打率は、とても重要な意味を持つ。

打率3割は優れたバッターの条件だ。伸び悩んでいた当時の僕の打率は2割6分。その4分の差が僕の壁となっていたわけだが、1シーズンで550打席に立つとして、それはヒット15本からせいぜい20本の差でしかない。地味なヒットであろうが何であろうが、とにかく1週間にひとつヒットを増やせば充分。引きつけて打つバッティングを自分のものにすれば、その1本を増やすチャンスが広がるのだから。

0・1秒というわずかな差が可能性を広げる

そのバッティングを自分のものにできたと実感したのは、シーズンが開幕して少し経《た》った頃だった。はっきり何月何日とは言えないが、苦しみながら打席に立っているうちに、いつの間にか、バッティングピッチャーの投げる110キロのボールだけでなく、マウンドで牙を剝《む》き出しにしたプロのピッチャーが投げる150キロのボールも、しっかりと引きつけて打ち返せるようになっていた。

もっとも、金森さんは別として、周囲の人がそのことにどれだけ気づいていたか。ひとつひとつの打席を見れば、それほど劇的な変化があったわけではない。細部まで見る目がある人なら、あるいは僕のバットがボールをとらえる位置が後ろにずれたことに気づいたかもしれないが、それはせいぜい数十センチの差であり、バットを振るタイミングで計るなら0・1秒の差でしかない。その数十センチ、0・1秒の差が、ヒットの可能性を広げてくれたのは事実にしても、それでどれだけヒットが増えたかと数えれば、何打席かに1本という割合でしかない。

今まで打てなかったバッターが、ある日突然打ち出したというような奇跡が起こったわけではない。ただ、たとえば去年なら空振りしていたはずの球を、詰まらせながらもヒットにするというような場面が少しずつ増えていっただけだ。

けれど逆に言うなら、バッターの命運を分ける打率は、結局のところはそういう1本のヒットの積み重ねの上にしか成立しない。周囲の目には見えないわずかの差ではあっても、その1本を増やすためには血を流すような努力を積まなければいけない。

ホームランよりもポテンヒットを

成功する人間としない人間の差は、一筋の小川を渡れるかどうかの差だと言った人がいる。自分が成功者だなんて思ったことはないが、その意味はわかる気がする。成功するかしないかの違いなんて、ほんの小さな差でしかない。渡ってみれば、それは細い小川でしかないのだ。けれど、その細い小川一筋を渡るのが難しい。小川を渡るくらいのことに、どれだけ一所懸命になれるか。それで人生が決まるということなのだろう。

僕は僕の細い小川を渡った。渡ったからと言って、野球が簡単になるわけではない。

苦労して身につけたバッティングフォームにしても、ほんの些細なことで歪んでしまうものだ。

デッドボールを2つ喰らっただけでも、身体が無意識にボールから逃げようとして、わずかだがフォームが変わってしまう。打てる球を打てなくするには、そのわずかなフォームの変化で充分なのだ（それを狙って、わざとデッドボールを当てることも当然あるわけで、だから乱闘になる）。

調子が良すぎてもバッティングは変わるし、悪かったらもちろん変わる。だいたい一年を通してみれば、調子は悪いことの方が多い。そのたびに自分のバッティングフォームに、修正を加えなければいけない。

それに打てるようになったらなったで、敵のマークは当然厳しくなる。アウトコースのバッティングが上手いとわかれば、そこを避けてインコースを徹底的に攻めてくる。インコース打ちの練習をしてそれに備えれば、アウトコースを突かれる。アウトコースを意識するかインコースを意識するかでもバッティングは変わるから、やはりそのたびに自分のフォームに微調整を加えるわけだ。

バッティングフォームに、完成というものはない。これでいいということは絶対にあり得ない。球を引きつけて打つバッティングに開眼して、野球人生ががらりと変わったという話ではまったくないのだ。

ひとつだけはっきり以前と違ったのは、迷わなくなったということだ。引きつける打法が自分という野球選手に合った、自分本来のバッティング・スタイルであり自分の軸なのだ。調子が悪くなったら、その軸に戻ることを考えればいい。

自分がどういうタイプのバッターかを知って、自分の持ち味を生かしたバッティングフォームに辿り着いた。

壁を乗り越えるには、それで充分だった。立ちこめた霧が少しずつ消えるように、僕の目の前に立ち塞がっていた壁は、いつの間にか消えていた。

僕はホームランバッターではない。綺麗なヒットではなく、地味な普通のヒットをいかに打つか。そのことを徹底的に追求しようと思った。1本でも多くのヒットを打って、チームの優勝を目指す。それが僕の野球だ。

2003年のそのシーズン、僕の打率は初めて3割を超えた。打率3割4分、ホームラン27本、109打点、盗塁42。2001年に続いて2度目の盗塁王となり、5試合連続で猛打賞を貰ったのも嬉しかったけれど、やはり何と言っても、チームが日本一になったことが嬉しかった。王監督率いるダイエーホークスは、この年3年ぶりにリーグ優勝を果たし、さらに日本シリーズを制して日本一の座を獲得したのだ。

こうして僕はプロ入りしてから7年目にしてようやく、打率3割、30本塁打、盗塁30という満足できる成績を残すことができた。まあホームランの数は3本足りなかったが、それは2年前の2001年に達成したわけだ。

それにホームランはもはや、僕にとってはただのヒットの延長でしかなかった。もちろん今だってホームランを打つのは嬉しいが、ホームランの数を追うのは僕のスタイルではない。

たとえホームラン王のタイトルがかかった最後の打席であっても、それがチームを勝たせるためなら、僕はホームランよりも確実なヒットを打つことを選ぶ。

1本のホームランよりも大切な、1本のポテンヒットというものは確かにあるのだ。

第四章　メジャーで学んだ組織における行動理論

1年目で手にしたチャンピオンリング

メジャーリーグの優勝パレードが派手なことは話に聞いて知っていたが、現実は想像を遥かに上回っていた。

ホワイトソックスの本拠地USセルラーフィールドから、屋根を切ったダブルデッカーに乗って出発した僕たちを待っていたのは、文字通りの人の海だった。

300メートルを超える高層ビルが建ち並ぶシカゴ市街のメインストリートの両側が、3ブロック以上にわたって何十万人というファンで埋め尽くされていた。シカゴにはカブスとホワイトソックスという2つの球団がある。その両球団を合わせても、シカゴのチームが全米一の座を手にしたのは1917年以来、実に88年ぶりの出来事だった。

ファンと言ってもかなりの〝にわか〟ファンが含まれていることは間違いないが、アメリカ人はあまりそういうことを気にしない。あの日ばかりは、アメリカ中西部最大の都市シカゴに住む280万人のすべてがホワイトソックスを祝福していた。

高層ビルの谷間は人々の拍手と歓声で埋まり、息が詰まるのではないかと心配になるほどの紙吹雪が降り続ける。両側を見上げると、ビルの窓という窓も人で埋まっていて、オフィスの書類をシュレッダーにかけたとおぼしき紙吹雪が、そこから降ってきた。

隣に座ったチームメイトがファンの海に手を振りながら、僕に囁《ささや》いた。

「メジャーリーグに来て最初の年にチャンピオンリングを手にするなんて、お前はラッキーなヤツだ。メジャーリーガーは、みんなそれを目指してやっているのに」

その年、ホワイトソックスはリーグ優勝を果たしてワールドシリーズに駒を進め、ナショナルリーグの覇者ヒューストン・アストロズを4勝0敗で下し全米のメジャーリーグ30球団の頂点に立った。チャンピオンリングは、その全米一のチームの選手に与えられる名誉の指輪だ。

日本人の感覚からすれば個人主義的でドライなメジャーリーガーにとっても、その指輪だけは特別で、どんな高額な年俸を貰うスーパースターだろうが「でもあいつはチャンピオンリングをひとつも持ってないんだぜ」なんて言われたりする。

年俸は野球選手の能力を表す重要な指標だが、メジャーリーグではそれだけでは心からの尊敬は得られない。チャンピオンリングを持っているかどうか、すなわち全米一のチームの一員として優勝に貢献したか否かが、選手の評価に重要な意味を持つ。

チャンピオンリングをその指にはめることを夢見てメジャーリーガーは戦う。個人成績が重視されるメジャーリーグも、本質はチームスポーツなのだ。

そのチャンピオンリングを日本からメジャーリーグに移籍した最初の年にあっさりと手にした僕を、チームメイトがラッキーボーイと呼ぶのは当然のことだった。ましてホワイトソックスは88年間も優勝から遠ざかっていたチームだ。僕はメジャーリーグ1年目にして、ほとんど1世紀ぶりの奇跡に立ち会ったというわけだ。

もっとも、あっさりと手にしたのは事実にしても、僕にとってそのチャンピオンリングに至るまでの1年間は決して楽ではなかった。いや、リトルリーグで野球を始めたその日から考えても、あれほど辛いシーズンはなかった。

2005年は、僕の野球人生の中でも絶対に忘れられない年になった。

シカゴ・ホワイトソックスからの誘い

メジャーリーグを意識するようになったのは、大学生の頃のことだ。

大学選抜チームの一員に選ばれて1年生の時から日米大学野球に参加していたということもあったが、やはりいちばん大きなインパクトがあったのは、96年のアトランタオリンピックで対戦したキューバのチームだ。パワーとスピードが桁違いで、しかも牽制などの細かなテクニックでも抜群の上手さを見せつけられて、ただただ圧倒された。日本人はパワーとスピードでは劣っていても、野球の緻密さとかテクニックでは負けていないという意識がどこかにあっただけに、衝撃は大きかった。

いつかもう一度、彼らと野球がやってみたいと思った。キューバからメジャーリーグに行く選手の数はそう多くはないけれど、それでもトップクラスが活躍するのはメジャーリーグだ。他の中南米の国々の選手たちにしても、本当に優れた選手が目指すのはメジャーリーグであり、やはりメジャーリーグこそが世界最高の野球選手が戦う場なのだ。

いつの日かそこで野球がやりたいと夢見るのは、スポーツ選手としてのごく自然な心の反応だったと思う。

もっともそれはただの夢であり、人生の牽引力となる現実の目標ではなかった。野球選手である以上は、レギュラーとしてグラウンドに立っていたいと思う。

僕にとってはそれが他の何よりも重要なことであって、いくらメジャーリーグで野球をするのが夢であったとしても、たとえばマイナーリーグから這い上がってでもメジャーリーガーになろうと考えたことはない。

守備でもバッティングでも自分のスタイルを確立し、プロ野球選手としての自分の能力をメジャーリーグという舞台で試してみたいという思いが強くなっていたのは事実だが、無謀な賭けをしてまで試そうとは思わなかった。自分がメジャーリーグにチャレンジするのは、自分がメジャーリーグから必要とされた時だけだと決めていた。

その願ってもないチャンスが、2005年という年に訪れたのだった。

僕を誘ってくれたシカゴのホワイトソックスのオジー・ギーエン監督にとって2005年は2年目のシーズンだった。ギーエン監督は「スマート・ベースボール」を掲げて、チームの改革を図っていた。

日本の新聞では「スモール・ベースボール」と書くことの方が多かったけれど、確かにそう言った方がギーエン監督の目指す野球が伝わりやすいかもしれない。ギーエン監督は、頭を使った野球という意味でスマートと言ったのだろう。1発の長打に頼るのではなく、ひとつのヒットを大切に生かしてチーム全員で1点を取りに行くという、きめ細かな、つまり「小さな野球」でもあった。

ホワイトソックスはホームランを30本以上打つ長距離砲を2人も3人も放出し、その代わりに僕とスコット・ポドセドニックという足の速い選手を獲得して1番と2番打者とした。ポドセドニックが1番で、僕が2番打者だ。

福岡ダイエーホークスでは3番打者に定着し、クリーンアップを打っていた僕としては2番という打順に必ずしも満足したわけではない。

けれど日本での実績はともかく、メジャーリーグでの僕はあくまでもルーキーなのだ。それにメジャーリーグの2番打者は、日本の2番打者に比べれば遥かに攻撃的だ。強打者で鳴らすヤンキースのA-ロッド（アレックス・ロドリゲス）も、デレク・ジーターも2番打者の経験があるくらいだから、自分をアピールするチャンスは充分あるはずだ。だから2番打者で使いたいというホワイトソックスからのオファーに、さほど不満は感じていなかった。

メジャーリーグの試合で実績を積んで、打順は上げていけばいいと思っていた。それよりもギーエン監督の、およそメジャーリーグの球団らしからぬスマート・ベースボールという方針に興味があった。僕の理想とする野球に、かなり近いものでもあったからだ。

けれど、現実はしばしば予想を裏切る。

いや、ギーエン監督の構想が間違っていたわけでもないし、僕がその構想から外れたわけでもない。ギーエン監督は徹底してスマート・ベースボールを追求し、僕はそのための役割を果たした。シーズン開幕直後からホワイトソックスは優勝街道をひた走り、そしてついにはアメリカ中のマスコミや野球ファンの下馬評を覆し、88年ぶりに全米一の座を獲得した。

そして僕は、メジャーリーグに移籍したその年に、レギュラーとしてチームに貢献し、最高の栄誉であるチャンピオンリングを手にした。

それ以上、何を望むべきことがあろう。と、普通なら誰もが思うはずだ。

がんじがらめにされた2番打者

実際には、2005年は僕のプロ野球人生の中でもとても苦しい年だった。

プロのピッチャーの球を打ちあぐね、成績不振に悩んでいた時期よりも、ある意味で苦しかった。

打てないのは仕方がない。次の打席こそは、何とか打ってやろうと気持ちを奮い立たせることが少なくともできる。

ところがギーエン監督に求められたのは、そういう気持ちを抑えることだった。

バッティングだけでなく、盗塁すら、させてもらえなかった。俊足の1番打者、ポドセドニックの次にバッターボックスに立つ僕に与えられたのは、そのポドセドニックの俊足を生かし次に控える3番、4番のクリーンアップにつなぐ役割だった。

ポドセドニックが出塁すると、彼に盗塁のチャンスを与えるために、彼が走ったら絶対に打つなというサインがベンチから来る。走ったら、大きな空振りをしてスチールを助けてやらなければいけない。それでストライクをひとつふたつカウントされることになるわけだ。いや、それで盗塁に成功すればまだいいのだが、これがまたよく牽制でアウトになるのだ。しかもそれがツーストライクからの盗塁だったりすると、自分は何のためにバッターボックスに立っているのかという気分になる。

ランナーを送るために右打ちしろというサインも多かった。細かい野球ならバントだろうと思うかもしれないが、ギーエン監督はバントをほとんどさせない。ただ、それはメジャーリーグの文化のようなものだ。メジャーリーグで送りバントを見るのは、満塁サヨナラ逆転ホームランを見るよりも難しいかもしれない。

まあ、それはともかく、サインを送られる僕としては、打率の下がらないバントの方がよほど有り難いのだが、実際のサインはほとんど右打ちだ。右打ちならもちろんヒットになる可能性もあるわけだけれど、目的はあくまでランナーを送ることだから、確実を期すならたとえばセカンドゴロということになる。

自分の役割と割り切って、セカンドゴロでランナーを送ってベンチに帰り、「よし、よくやった」と肩を叩かれても、正直言って嬉しくも何ともなかった。ランナーが塁を稼いでも、僕の記録はただのセカンドゴロなのだ。

さらに、そういう縛りをくぐり抜けて、なんとか自分が塁に出ると、今度は走るなというサインが出る。僕の後に控えたクリーンアップのバッティングを生かすためだ。走らせてくれさえすれば、盗塁を稼ぐ自信はあった。牽制でアウトになる確率にしても、比べては悪いが、ポドセドニックよりはずっと低いはずだ。にもかかわらず、自分の成績を犠牲にしてまでポドセドニックの盗塁を助けている僕には、盗塁するなと言うわけだ。

自己犠牲というジレンマ

野球の本質はチームプレイであり、メジャーリーガーだってチームを全米一にするために戦っていると書いた。選手によって考え方は違うから、誰もが心からそう思っているとまでは言わないけれど、少なくとも僕はそう信じている。綺麗ごとではまったくない。自分たちが戦うのが勝利のためである以上は、どんなに自分の成績が良かろうが、チームが勝たなければ意味はないと思うのだ。だからたとえ自分がその日3安打しても、チームが負けたら落ち込むだけだ。チームが勝ったという前提があって、はじめて個人の成績というものは輝くのだと、僕は思っている。

しかし、そういう僕でさえも、ギーエン監督が僕に与えた役割は、さすがに負担が大きかった。

チームの勝利に貢献するのが選手に与えられた仕事なのは確かだが、同時にその選手は一人の個人事業主でもある。野球選手という個人事業主の収入が何で決まるかと言えば、それはあくまでも選手個人の成績だ。契約更改をするにしても、他の球団に移籍するにしても、交渉のベースになるのは数字で表すことのできる成績なのだ。

そしてチームへの貢献度は、ほとんど数字で表すことができない。百歩譲って所属チームの監督やフロントはわかってくれたとしても、他の球団はそんなところにまで配慮はしない。盗塁をいくつ助けようが、打率2割8分は2割8分でしかない。たとえ二塁ランナーを三塁に100人送っても、100回セカンドゴロで凡退した選手という評価にしかならないのだ。

もちろんチームの勝利を優先させて、自分の成績をある程度犠牲にするのは仕方がないことだ。しかし、客観的に考えても、あの年の僕が犠牲にした成績はある程度なんて言葉で表現できるものではなかった。ましてその年は、僕にとってはメジャーリーグに挑戦した最初の年でもあった。

他のチームメイトに気兼ねするほどたくさんの日本のマスコミに追いかけられてもいたし、アメリカのファンや日本のファンに井口資仁という選手のメジャーでの活躍を見せたいという気負いもあった。それをすべて封印して、チームのために自分の成績をそこまで犠牲にすることを要求された。

いや、ギーエン監督がスマート・ベースボールのキーマンの役割を担わせるために僕を日本から呼び寄せたのだということを冷静に考えれば、僕としては自分の成績を犠牲にしようが活躍の場がなかろうが、その与えられた役割をしっかりとこなすべきだということはよくわかっていた。ホワイトソックスと契約書を交わした時に、それは決まったことだ。その先にしか、自分の道は開けない。それは明らかだった。

だから僕としては、自分の気持ちがどうあろうと、自分を犠牲にしてチームを勝たせる野球を徹底して貫くしかなかった。

ベンチからのサインには忠実に従ったし、たとえサインがなくても、チームの勝利を優先したプレイに徹した。野球選手としての全知全能を傾けて、自分に与えられた役割を果たした。理性で考えれば、それが最善の選択だった。

けれど、人間は理性だけで生きているわけではない。

理性では理解しても、心の部分がどうにもならなかった。

自分が日本でやってきたこと、自分の能力をメジャーリーグで試したいという気持ちを抑えるのは難しかった。メジャーリーグという晴れの舞台で、一人の野球選手として、思い切り自分の野球がしたかった。

自分なら打てたはずの絶好球を見送る悔しさ、セカンドゴロでベンチにすごすごと帰ってくる惨めさ。そういうものが度重なって、何日も自分のバッティングができない日が続けば、それが必要なことだと頭ではわかっていても、平静な気持ちではとてもいられなかった。選手控え室に戻って、ロッカーを蹴り、バットを叩き割っても、その無念さを鎮めることはできなかった。

頭を使えなんて偉そうなことを言いながら、僕も結局はただの人間だった。

あれほど辛いシーズンは経験したことがない。

心に響いたギーエン監督の一言

あれほど荒《すさ》んでいた僕の心を鎮めたのは、ギーエン監督の一言だった。

「今年の本当のMVPはイグチだ。イグチほど野球を深く理解している選手はいない。彼がいたから、ホワイトソックスは全米一になった」

ギーエン監督が、新聞の取材に答えてそう言った。

僕の気持ちを配慮してのことでもあったのだと思う。

一時期は、鬱憤《うっぷん》を晴らすために僕がロッカールームで荒れていたことまで、彼が知っていたかどうかはわからないけれど。

スマート・ベースボールという構想を実現するには、選手ひとりひとりがチームのために自己犠牲を払う必要がある。すべてがそうだとは言わないけれど、メジャーリーグの選手は基本的に自己主張の塊みたいなものだ。アメリカの社会がそういう社会だということもあるし、ゲームの駒のように簡単に選手をトレードするメジャーリーグでは、自己主張しなければ生きていけないという事情もある。自分の成績を犠牲にしてまで、チームの勝利に貢献しようなどという選手は極めて少数派なのだ。そういう世界でスマート・ベースボールを実践するために、ギーエン監督には僕という見本が必要だったのだろう。

「イグチを見ろ。あいつは日本から来たばかりのルーキーなのに、ホワイトソックスのためにあそこまで自分を犠牲にしている。お前たちも少しは見習え」というわけだ。

他の選手に発破をかけるつもりの発言なのはわかっていたが、それでもやっぱり監督の言葉は嬉しかった。監督は僕のやっていることをわかってくれている。それを知っただけで、気持ちは軽くなった。自分の与えられた役割を果たしながら、少しずつ成績を上げる方法はきっと見つかるはずだと、前向きに考えることができるようになった。それはギーエン監督の言葉があったからこそで、あの言葉がなければきっと僕の心は折れてしまっていた。

ブーイングならぬ、「グーイング」

ギーエン監督の一言は、ファンの声援まで変えてくれた。

日本とアメリカの球場は、雰囲気が違うということをよく言われる。球場の設計が違うということもあるけれど、もっと違うのは観客だ。日本の野球場では、それぞれのチームの応援団にわかれて応援合戦を繰り広げる。応援団がチームとひとつになった、何と言えばいいか、アットホームな雰囲気がある。アメリカの球場には、そういう意味での一体感はない。試合にはホームとアウェイがあるし、地方の球場はたいていホームチームのファンで埋まっているから、応援もブーイングも凄いのだけれど、日本みたいにファンが家族のように一体になって応援する感じはない。観客がもうちょっと個人主義的と言えばいいか、要するにそれぞれの観客が試合を観ることに真剣なのだ。

その違いが端的に表れるのがピッチャーが投球する瞬間で、アメリカの球場はシーンと静まりかえる。大騒ぎするのが大好きなアメリカのファンが、ピッチャーが球を投げる瞬間だけは水を打ったように静かになる。

球場を埋めた何万という観客の視線が、ピッチャーの投げるボールに集中する。ピッチャーの指を離れたボールがキャッチャーミット目指して飛ぶ0・何秒かが、ベースボールというスポーツの究極の中心であることを知っているのだ。

野球は団体競技だけれど、その瞬間だけはピッチャーとバッターのものであり、チームメイトであろうと他の人間は一切介入できない。観客はもちろんのことだ。だから誰もが静まりかえって、その瞬間を見守る。そして打つにせよ、打たないにせよ、バッターがそのボールに反応した瞬間にはじめて球場に音が蘇る。耳が割れそうなほどの声援、あるいは落胆のため息、もしくは立ち上がっての拍手……。反応は時によって様々だけれど、彼らはそうやって野球を楽しむ。野球というゲームを観ることを楽しんでいるのだ。

それだけに、野球というゲームを深く観ようとするファンも多い。たとえばランナーを走らせるためにセカンドゴロを打ち、アウトになってベンチに戻って来る時に、拍手をしてくれるファンがいるのだ。

ギーエン監督がそういう僕のプレイを評価する発言をしてからは、その数が桁違いに増えて、球場全体の雰囲気までが変わった。

アメリカ人はどういうわけかイグチと発音する時に、真ん中のグという音にアクセントを置く。そのグの音がよほど印象的だったのか、そのうちに僕がバッターボックスに立つと、客席から「グー」という声援が上がるようになった。

アメリカのマスコミは、それをブーイングにひっかけて「グーイング」と呼んだ。

ブーイングは不満の表現だけれど、グーイングはあくまでも僕に対する特別な応援だった。ギーエン監督一人ではなく、ホワイトソックスのファン全体が僕の理解者になったのだ。

客席から「グー」「グー」という声が上がれば、僕としても自分の成績がどうのこうのと悩まずに、チームのためにセカンドゴロだろうが何だろうがとびきりの一発を打ってやろうという気持ちになる。
アメリカの観客は、選手を乗せるのもまた上手かった。

我慢の末に開けた道

２００６年はその「グーイング」に励まされて、ギーエン監督のスマート・ベースボールを支えるべく夢中になって野球をした。スリーランホームランと満塁ホームランを固め打ちして、一試合7打点という記録も作った。セカンドの守備については、チームメイトから教えてくれと頼まれるようにまでなった。

メジャーリーガーはそれぞれがお山の大将のようなもので、野球の技術に関して他人に教えを請うなどということは、ほとんどあり得ない珍事だ。「俺が投げる時のセカンドは、絶対にイグチにしてくれ」と、監督に直訴《じきそ》したピッチャーがいたことも、前に書いた通りだ。

２００６年の成績は、打率2割8分1厘、本塁打18本、打点67、盗塁11。まだまだ自分本来の成績と言える数字ではなかったが、全体としては悪い年ではなかった。

何よりも嬉しかったのは、監督が僕に背負わせた荷物を下ろしてやろうという気持ちになったことだ。

2006年のシーズン最後の試合を終えてシカゴに帰るチャーター機の中で、ギーエン監督に呼ばれてこう言われた。

「お前にはずいぶんと我慢をさせてしまった。今年だって本当ならお前は20本以上のホームランを打っていたはずだし、打率も3割以上は行ったはずだ。来年はもっと自由に打たせるつもりだ。打順も6番か7番を考えている」

頭の上の暗雲が一気に晴れたような気がした。

ついに道が開けたのだ。

我慢したのは無駄ではなかった。

初めてのトレード通告

いよいよ思う存分に自分の野球ができる。

監督に言われるまでもなく、そうなれば自分の成績が伸ばせることはわかっていた。チームへの貢献だけでなく渾身のヒットやホームランでファンを沸かせる自信があった。

メジャーリーグに挑戦するという晴れがましい気持ちでアメリカに渡って、2年間というもの抑えに抑えてきた鬱憤を、思い切り晴らしてやる。言葉にすれば、なんだか青臭くて気恥ずかしいが、まあそういう夢と希望で胸が膨らんだ。

ホワイトソックスのフロントも、２００７年の春のキャンプ中に契約の延長をオファーしてきた。僕の契約は2年＋1年オプションだったから、そのままだと２００７年はフリーエージェントの年になる。僕の引き留めにかかったわけで、選手としては嬉しいオファーには違いない。

けれど僕はこの2年間の成績で僕の評価を決めて欲しくなかった。２００７年のシーズンの成績が出てから、改めて自分を評価してもらいたいと言って、契約更新を断った。不《ふ》遜《そん》かもしれないけれど、それだけ自信があった。

結果から言えば、この時の決断が、僕のその後の進退に大きな影響を与えることになる。あの時、契約を更新していれば、今もメジャーリーグで野球をしていたかもしれないと思うこともある。

けれど、後悔はしていない。一寸先は闇の世界で生きるのが、野球選手なのだ。今この時点で、最善と思える選択をするしかない。その選択の結果がどちらへ転ぼうとも、そこで自分にできることをやるだけだ。

２００７年のシーズンを全力で走りきる。その先に、自分の未来は開ける。あの時は、それしか考えていなかった。

２００７年のシーズンが開幕して、１週間も経たないうちに中指を骨折した。最初は単なる突き指という診断で、アイシングしていたのだけれど、腫れがなかなか引かない。詳しく調べてもらったら、骨折していたというわけだ。

バットが振れないというほどではなかったので、その骨折は試合をしながら治した。野球に怪我はつきもので、ちょっとした骨折くらいで試合を休んでいたら、選手なんて続けていられない。

さすがに好調とは言えなかったが、５月に入って腫れが引いてからは、打率も右肩上がりに上昇していった。スタートで躓《つまず》いたけれど、ここから全力疾走して２００７年を自分の年にする。そう気負っていた矢先だった。

７月末のことだ。その日も試合があったので球場に行き、自分の名前がスターティングラインナップに載っているのを確認して、試合前のランニングをするために外に出ようとしたところで、ホワイトソックスのＧＭに呼ばれた。

その場で、トレードを言い渡された。トレード先はフィラデルフィアのフィリーズ。すぐにフィラデルフィアに飛べと言われた。

お前は明日のフィリーズの試合に出ることになっている、と。

アメリカ社会が色濃く反映されたメジャーリーグ

スポーツの世界にも、その社会の文化が色濃く反映する。メジャーリーグと日本のプロ野球の違いは、アメリカ社会と日本社会の違いでもある。

最近はそれほどではなくなったが、それでもアメリカ人に比べると、日本の選手はチームへの帰属意識がかなり強い。一生一球団、ひとつの球団で選手生活を送るのが理想という感覚がどこかに残っている。少数の例外を別にすれば、基本的にトレードはあまり好まれない。活躍していた選手が球団の理由でトレードに出されたりすると、マスコミもファンも「ひどい」とか「可哀想」というムードになる。

日本におけるチームは「家」のようなものなのだ。その家のために戦った選手を放り出すのは、人情において忍びないということなのだろう。終身雇用制の崩壊で昔ほどではなくなったにせよ、日本の企業と社員の結びつきが封建制度的な家の概念で説明されることがある。日本プロ野球のチームと選手の関係もそれとよく似ている。

メジャーリーグには、そういう感覚がまったくない。家といえばそれは自分が守るべき妻や子供のいる家庭のことで、チームはそういう家とはまったく別のものだ。あくまでも自分が働く場所であって、日本人が感じるような帰属意識はない。収入や条件の良いチームがあれば、積極的に移籍する。メジャーリーグに稼ぎに来ている中南米の選手が多いということもあるが、それがアメリカ社会の基本的な姿なのだろう。ビジネスマンだって能力のある人は、どんどん転職して収入を上げていく。転職にネガティブなイメージはまったくない。もちろん例外がないわけではないが、ひとつの企業で一生勤め上げるよりも、社会の変化や自分の能力の進歩に合わせて、自分をより高く評価してくれる企業に転職するのが普通で、それは成功の証でもあるのだ。

そういうアメリカ社会で2年間を過ごして、トレードでチームを渡り歩くメジャーリーグ選手の姿を見てわかっていたつもりなのだが、それがいざ自分の身に起きてみれば、やはりショックだった。

それは僕がフリーエージェントになる年で、トレードの可能性も想定の範囲内ではあったが、それにしてもあまりに急な話だった。なにしろその日の試合のスターティングラインナップに僕の名前が出ているのだ。ギーエン監督でさえ知らされていないということなのだろう。

トレードにはある程度順番というものがあり、選手達の間では次は誰が出されるだろうというかなり正確な予想ができ上がっている。そのトレード候補の筆頭に上がった二人のチームメイトまでが「どうしてこのタイミングでお前が出されるんだ？」と、首を傾《かし》げるほどだった。

トレードはビジネスゲーム

タネを明かせば、理由はフィリーズのチーム事情と、僕の契約内容にあった。

フィリーズの正セカンド、チェイス・アトリーが右手を骨折して試合に出場できなくなったのだ。フィリーズはこの時、8ゲーム差で首位のニューヨーク・メッツを猛追しているところだった。プレーオフ出場のかかった正念場で、レギュラーのセカンドを失った穴を埋めるために僕に白羽の矢が立ったというわけだ。

そして僕はホワイトソックスとの契約条項の中にトレード拒否権を持ってはいたが、フィリーズをその対象にしていなかった。

メジャーリーグの選手は日本に比べてかなり手厚く保護されている。トレードを決めるのは球団側ではあるけれど、選手の側にだっていろんな事情があって行きたくないチームというものもある。それで契約する時に、AとBとCのチームに対してはトレードを拒否するという条項を盛り込めるようになっている。もちろんそれは契約だから、お互いに自分の側にできるだけ有利な契約内容になるように、球団と選手側の代理人が丁々発止《ちょうちょうはっし》の交渉をするわけだ。

球団にとってトレードはビジネスでもある。たとえば有望ではあっても年俸の低い若手選手を集めて、選手を育てるのが上手い監督を使って人気選手に育て上げ、高額な移籍金で他球団にトレードするのを得意とするGMもいる。

だから球団側はできるだけ自由に選手をトレードできるような契約内容を目指す。選手側はそんなに好き勝手にトレードされてはたまらないから、トレード拒否権を行使する範囲をできるだけ広げようとする。

そういう交渉の中で、僕の側はフィリーズをトレード拒否の対象から外していた。チェイス・アトリーとは、その前の年に日米野球で対戦したことがあった。彼が優れたセカンドで、しかもフィリーズと複数年契約を結んでいることはよく知っていた。僕がそのチームへトレードされることは、本来なら絶対にあり得ないことだったのだ。

ギーエン監督は目に涙を浮かべていた。

「俺は何も喋らない。喋ったら泣いてしまうから」

そう言って、ハグだけして別れた。ＧＭがその朝までギーエン監督に知らせていなかったのは、ＧＭも監督に相談すれば反対されるのがわかり切っていたからではないかと思う。トレードはＧＭの専権事項で監督は口出しできる立場にはなかったが、それだけにギーエン監督としては口を開けば言いたいことがいくらでもあったのだろう。だから「何も喋らない」と言ったのだ。

背中を叩いた手の温かさだけで、彼が何を言いたいかは充分にわかっていた。あの飛行機の中で「お前には我慢をさせた」と言った彼の言葉は心からのものだった。この２年間の僕の辛さを誰よりも知っていたのは、それを僕に強いた彼自身だった。

「もっと自由にさせてやる」と言った時、彼は心なしか嬉しそうな顔をしていた。彼も重荷を背負っていたのだと思う。

裏切られたという気持ち

ホワイトソックスは歓喜の２００５年以来、ピッチャーの故障が重なったこともあって優勝から遠ざかっていた。2007年のこの年もプレーオフ出場の可能性はすでに断たれていた。球団を経営する側からすれば、この機会に僕をトレードで出せば、けっして少額ではない残り半期の僕の年俸をフィリーズに肩代わりさせられるわけだ。

ホワイトソックスが僕と交換したのは、マイナーリーグのピッチャーだった。FAの選手に高額の年俸を支払うより、残り数ヶ月を若手で乗り切る方が得だという計算は当然成り立つわけだ。そこに情などという判断材料はない。

メジャーリーガーは、チームへの帰属意識が希薄だから、仲間意識もないということではない。いや、むしろ帰属意識がない分だけ、メジャーリーグのチームは強い仲間意識に支えられている。トレードには慣れていても、苦しい戦いを共にした仲間との別れが悲しくないわけではないのだ。ましてそれがチームの戦略のために、負担を背負わせた選手であるならば。

だがすべてはすでに決まったことであり、選手も監督もそれを受け入れるしか他に道はなかった。それは言わずもがなのことなのだ。背中をきつく抱きしめながら、オジー・ギーエンはその言えないことを、僕に伝えたのだと、今は思う。

もっとも、僕の頭の中は真っ白だった。朝、会社に出勤して、今日の仕事を始めようとしたら、お前の席はもうこの会社にはないと言われたようなものだ。

衝撃が去り、脳味噌がなんとか普通に動き始めると、情けない話だが、僕の心にまず浮かんだのは裏切られたという気持ちだった。チームのためにあれだけ我慢し続けた自分を商品のように簡単にやりとりするGMに腹が立った。それが彼のビジネスだからと、割り切って考える心の余裕はどこにもなかった。

どうやって心を切り替えるか

未練も不安もあった。それは球団だけでなく、シカゴという街への未練でありフィラデルフィアという街への不安でもある。

僕はアメリカで初めて住んだそのシカゴという街が大好きになっていた。僕だけでなく僕の家族にとっても、シカゴはとても暮らしやすい街だった。治安も悪くないし、日本人の子供のための学校にも満足していた。少なくとも当面はそのシカゴに家族を残していくしかないが、そうなれば僕は単身赴任ということになる。自分はいつまでそれに耐えられるか？　そして果たして、フィラデルフィアは自分の家族が住むのに適した街なのかどうか？

野球選手がそんなことまで考えるのかと思う読者もいるかもしれないが、ここで見栄を張っても仕方がない。野球選手だって、家庭ではただの夫であり父親なのだ。僕の未練も不安も、それから裏切られたという気持ちも、ある日突然転勤を命じられたビジネスマンのそれと本質的には何も変わらない。

僕の心は千々《ちぢ》に乱れた。何より大変だったのは、そういう精神状態のまま、明日から見ず知らずのフィリーズというチームの一員として、試合に出場するわけにはいかないということだった。

野球選手は壊れやすい精密機械のようなものだ。小さなビスの1本、歯車1枚の調整が狂っただけで、全体のパフォーマンスは大きく低下する。前向きな気持ちでグラウンドに立てなければ、良い結果など出せるわけがない。そして良い結果を出さなければ、トレード選手に明日はない。

どんな仕事をする場合でも、心の切り替えが大切だ。

仕事には失敗がつきもので、失敗があるからこそ成長があるなんて言う人もいる。それは正論だと思うが、失敗を成功に変えられるのは、失敗した時に心を上手く切り替えて、その失敗から何かを学べる人だけだ。

現実には、これがなかなか難しい。心ほど、自分の思い通りに動かすのが難しいものはないと思う。

失敗は、心にダメージを与える。失敗が大きいほどそのダメージは大きくなる。そしてダメージを受けた心は正常に働かなくなる。また失敗する。その失敗が、さらに深いダメージを与える。

絶好調のゴルファーが、一打のミスショットをきっかけにして地獄へ転落する姿をテレビの中継で見ることがあるが、あれはそういう人生の機微を象徴しているようだ。人が失敗を恐れるのは、失敗そのものよりも、失敗による心の揺らぎを恐れるのではないかとすら思える。

ひとつの失敗は、心を切り替えることさえできれば、ひとつの失敗で終わる。

ところが、時にその心の切り替えができずに、失敗を連鎖させて、回復不可能なところまで傷を大きくしてしまう。そんなことは誰だってわかりきっているのに、その心の切り替えができないのが人間ではないだろうか。

野球を始めたばかりの子供が、真っ先に憶える英語の掛け声はドンマイだ。ドント・マインド、「気にするな」。

ミスを気にすれば、その後のパフォーマンスに必ず影響する。だからエラーを気にしてはいけない。「ドンマイ！」。バットの正しい振り方を習う前に、野球選手はまずそのことを教えられる。

野球はそれだけミスすることの多いスポーツだということなのかもしれないが、言い換えれば、そのミスから心をリカバリーする能力が野球においてはきわめて重要だということでもある。

大切なのは失敗しないことではなくて、「失敗を連鎖させない」ことなのだ。

古強者《ふるつわもの》のプロ野球選手ともなれば、長年の経験から、それぞれに心を切り替える方法というものを持っている。エラーだの三振だのという失敗だけでなく、監督やコーチとのいざこざから契約問題まで、野球選手の日常は大小様々な厄介事であふれていて（もちろん厄介事に心を乱されるのは野球選手だけじゃないが）、心を切り替えなければバットをまともに振ることなんてとてもできない。

リセットする方法は、人によってそれぞれに違う。

僕は心が単純にできているのか、普通の厄介事くらいなら、夜寝る前にちょっと酒を飲むだけで忘れてしまえる。打てない日が2、3日続くと、昔なら焦ってフォームを変えてみたりいろんな練習を試してみたりもしたけれど、今ではそんなことをすれば不調がさらに長引くだけだということを知っている。

それでも心がクサクサする時は、自分のクルマを洗うか、あるいは自宅の玄関前の掃除をするくらい。ちょっとした気分転換以上のことはしない。上手くいかない時は、だいたい何をやっても裏目に出る。日々の練習を淡々とこなしながら、じっと我慢するのがいちばんなのだ。

それで上手くいくのは、僕の心が単純にできているということもあるが、もうひとつは、普段から自分を第三者の目で見るように心がけているからでもあると思う。

僕は、自分という人間をちょっと離れたところから他人の目で見る癖を、意識的につけている。

だいたい厄介事とか心配事というものは、本人の目には大きく映り、他人の目には小さく映る。他人から見たらたいしたことない、というのが普通だ。たとえば自分のことなら、ちょっとした怪我でも動揺する。けれどそれが他人の身の上に起きたことなら、ちょっとした怪我で済んで良かったねということになる。

自分のことでは冷静でいられなくても、他人事《ひとごと》なら冷静に考えられる。そういう人間の性質を逆手にとって、自分のことを他人の目で観察する訓練をすれば、普通の人よりも心を切り替えるのが上手くなるというわけだ。

「必要だから迎えられる」

とは言え、どんな場合にでもそれだけで上手く解決できるわけではない。第三者の目で見る余裕なんてないくらいに、激しく動揺してしまうことも長い人生の中にはある。

その突然のトレードは、僕にとってまさにそうだった。

日頃の訓練もどこへやら、頭が真っ白になり、恨みや未練や不安に心を乱された。頭を使って、冷静に物事を考えるには、そんな感情は何の役にも立たないどころか、ものすごく邪魔なものだとわかっていても、どうにもならなかった。

そういう場合には、どうするか。

これはもう原点に戻るしかない。自分の力では、第三者の視点に立てないなら、本物の第三者の意見を聞くしかない。月並みだけれど、他人の助けを借りるしかない。

もちろん誰でもいいというわけではない。自分のことを自分以上に心配してくれて、なおかつ物事を総合的に考えて冷静な判断を下せる相手でなければならない。

トレードを言い渡されたその日の夜、僕はある人と会って話をした。

その人からこういうことを言われた。

「必要なくなったから出されたんじゃなくて、必要だから迎えられるんだよ」

フィリーズは、怪我で休場しているチェイス・アトリーの年俸にプラスして、僕の年俸も支払うことになる。僕にそれだけの価値があるとフィリーズが思ったからこそ、このトレードが成立した。今考えるべきなのは、その期待に応えることだけであって、ホワイトソックスのことをあれこれ考えても意味はないと、その人は言った。

単純なヤツと思われるかもしれないが、僕はその言葉でほとんど完璧に心を切り替えることができた。

自分で考えてもいつかは同じ結論に達したかもしれない。けれど、事柄の性質によっては、他人の口から聞いた方が、ずっと素直に納得できることもある。そのトレードの問題が、まさにそうだった。良きアドバイザーとでも言えばいいか、信頼できる相談相手を持つことは、頭を使って生きるためにも大切だと思う。

その人の言葉で、野球選手にとって幸せなのは、自分が望むチームではなくて自分を望んでくれるチームに行くことだと思えるようになった。

自分がどういう野球をするかが大切なのであって、そのためには自分を必要としているチームで野球をするのがいちばんなのだ。

渡米したばかりの頃は、ホワイトソックスに骨を埋《うず》めるつもりでいた。はっきりとそう意識したわけではない。現役生活の最後は日本のチームで送りたいという思いもあったから、少なくともアメリカで野球をする限りはこのホワイトソックスでやる、というくらいの気持ちだった。あちこち移籍するのではなく、ひとつのチームで野球をする方がいいとも、なんとなく思っていた。僕も日本人で、チーム＝家という感覚が、心のどこかに染みついていたのだろう。トレードを言い渡されてショックを受けたのも、つまりは僕の中からそういう日本的な思考法が抜けていなかったということだろうと思う。

アメリカ的な考え方が正しいとか、日本的な考えが間違っているとか言いたいわけではない。ただ、僕はその時アメリカにいた。メジャーリーグで野球をする以上は、やはりアメリカ的な考え方を理解しないと、上手くやっていけないというだけのことだ。

そういう意味では、この一件で、ようやく僕はトレードをポジティブに考えるメジャーリーガー的な思考ができるようになった。

それは、僕にとってはひとつの成長でもあった。

物事には、いつも暗い面と明るい面がある。トレードでショックを受けたことも、けっして無駄ではなかった。

日本に帰るという決断を下すことができたのも、そういう考え方ができるようになったからだとも言える。もちろんその決断は、簡単だったわけではないのだが。

マニエル監督からのサード転向の誘い

怪我も完全に回復していたし、気持ちの切り替えも上手くいったこともあって、フィリーズではほぼ自分の思い通りの野球をすることができた。

2番という打順を積極的に生かしてつなぐ野球に徹しながら、打率も3割台を維持した。チームは快進撃を続け、最終的には8ゲーム差を引っ繰り返して地区優勝することができたのだ。もちろんフィリーズとしてはそのために僕を呼んでくれたのだろうが、それが現実の結果となって目の前に現れれば、評価はまた変わってくる。

アトリーが怪我から回復してセカンドに戻ると、監督のチャーリー・マニエルがしきりにサードへの転向を勧めるようになった。アトリーは複数年契約で、セカンドのポジションがギャランティされている。僕がセカンドにこだわる限りは代打で出場させるしかないが、それでは不本意のはずだ。サードにコンバートして、来期もフィリーズと契約を結んでくれ。それは監督の自分だけでなく、GMの意思でもあると言うのだ。

もうひとつ言えば、マニエル監督が思い描く野球と、僕の野球に対する考え方がきわめて似ているということもあったと思う。

お前は野球というスポーツをよく知っていると言われた。一言で表現するなら、考える野球ということなのだが、選手一人一人が自分で考えて、ゲーム全体の流れの中でチーム全体のために最善の選択をする。それが当たり前だと思うかもしれないが、実際にはそこまで緻密な野球のできるチームは少ない。それは日本もアメリカも同じだった。日本には日本ならではの理由があるし、アメリカにはアメリカの理由がある。

メジャーリーグには、これが同じ人間かと思うほど身体能力に恵まれた怪物のような野球選手がいるかと思えば、そんな技術で大丈夫なのかとこちらが心配になるほど明らかに力不足の選手もいる。玉石混淆《ぎょくせきこんこう》なのだ。

良く言えば選手の起用が大胆、悪く言えば起用にムラがある。僕の目から見れば隙だらけで、その弱点を突く余地はいくらでもあった。

ランナーを進めるべき局面で、きっちりランナーを進める。確実なゲッツーで、敵の得点チャンスを潰す。バッティングや守備の技術だけでなく、そういう僕の動きを見て、マニエル監督は僕を高く評価してくれたのだ。

一人の野球選手として、そこまで自分を必要としてくれることは嬉しかった。僕のセカンドの守備を見て、サードでも充分にやっていけると判断したのだろう。それはひとつの賭けでもあったわけだが、その賭けをしてでも、僕という戦力をチームに引き留める価値があると、彼らは判断したわけだ。マニエル監督は何度も熱心に僕を誘った。

セカンドへのこだわりとパドレス移籍

僕は結局、そのオファーを断った。

セカンドというポジションを極めたいと思っていたからだ。

自分が望まれているチームで野球をするのがいちばんだとは思うけれど、そのチームで自分が活躍できなければ意味はない。サードでプレイすることもできたかもしれないが、僕はセカンドこそが今の自分の能力を最大限に発揮できるポジションだということを知っていた。彼らの申し出は嬉しかったけれど、セカンドとしての僕を必要としてくれるチームで戦いたかった。

そして翌年、2008年にサンディエゴ・パドレスに移籍する。開幕して間もなくサヨナラホームランを打ったり、5月半ばのシアトル・マリナーズ戦では懐かしいあの城島とホームランを打ち合ったりして、滑り出しは好調だったのだが、6月に入って怪我をした。サンディエゴのペトコパークでのニューヨーク・メッツ戦で、走塁中に転倒して右肩を脱臼したのだ。8月に復帰したが、なかなか調子を上げられないでいるうちに、忘れもしない9月1日、僕は戦力外通告を受けた。

シーズン中にお前はクビだと言われたのだ。もちろん生まれて初めてのことだ。

しかし、ホワイトソックスにトレードを言い渡された時のようにはショックを受けなかった。

僕が戦力外通告を受けたその日のうちに、フィリーズのGMとマニエル監督の両方から電話があった。すぐにでもニューヨークへ飛んできてくれと言う。

2年前の出来事の再来だった。フィリーズが2ゲーム差でニューヨック・メッツを追いかけていた。僕は夜中の便で、サンディエゴからニューヨークに飛んだ。

そしてフィリーズは2ゲーム差を引っ繰り返して進出したプレーオフを制し、ワールドシリーズでも勝ち、念願の全米一の座を手に入れる。僕は2つ目のチャンピオンリングを手にしたというわけだ。

まあ、そう書くと、まるで僕の活躍でフィリーズが全米優勝を成し遂げたみたいに思われるかもしれないが、いくら何でもそれでは話ができすぎだ。僕が戦力外通告を受けたのは9月に入ってからで、プレーオフ出場選手の登録期限を過ぎていた。

だからプレーオフには出場していない。プレーオフ出場をかけた最後の戦いの4試合に出場し、7打席で二塁打を1本、単打を2本打っただけだから、貢献というほどの貢献は何もしていない。

けれど、シーズン終わりまで1ヶ月という残り試合の少なくなったその時期にもかかわらず、僕がクビになったと知ってすぐに呼んでくれた監督とGMの熱意が嬉しかった。もちろんそれは、来期の契約を考えてのことでもあったのだろうし、それはつまり僕に三塁手としてフィリーズと契約を結んでほしいということだったのだが。

そこまで熱心に誘われれば、心を動かされないわけはない。しかもフィリーズは、複数年契約を望んでいた。年俸も悪くない。

問題はただ、セカンドが守れないということだった。

日本球界復帰を決意した理由

2005年から2008年の4年間、僕はメジャーリーグで戦った。その4シーズンで、3つのチームに所属した。

メジャーリーグの野球を充分に経験できたとは思っていない。未練がなかったと言ったら嘘になる。もっといい成績を残したかったし、もっと長くメジャーリーグで野球をやっていたいという気持ちは強かった。

フィリーズの熱意は嬉しかったし、サードでやってみようかという思いがふと頭をもたげたこともあった。他の球団からの誘いもいくつかあった。最後の最後まで、2009年もメジャーリーグの球団で野球をする道を模索していた。

けれど、どの誘いも、僕の気持ちにしっくりとはまらなかった。

2008年のシーズンは、肩の脱臼から復帰した後の成績も良くなかった。熱心に誘ってくれたフィリーズは別としても、他のメジャーリーグの球団からの誘いが条件的にあまり良くなかったのも事実だ。

条件については、僕の中にはっきりした優先順位がある。

まず第一が、家族が安心して住める土地であるということ。第二がセカンドというポジションをギャランティしてくれること。そして第三がサラリーだ。

正直言って、サラリーはあまり気にしていない。もちろん極端に低かったら、それは僕の評価が極端に低いということだから契約できないが、年俸の額が問題になることは実質的にはほとんどなかった。フィリーズ以外の球団のオファーも、その部分で問題があったわけではない。

僕が悩んだのは、その球団の本拠地が子供の教育も含めて家族が暮らすのに適した都市かどうかということ、それからポジションのギャランティという条件だった。

僕にオファーをしてくれたいくつかの球団は、その街に暮らしている人には申し訳ないが、僕一人が暮らすなら何の問題もなかったが、家族を住ませるとなれば話はまた別だった。僕たち家族は日本人であり、普通のアメリカ人と同じ基準で暮らす街を選ぶわけにはいかないという事情もあった。

そのことはさっきも書いたが、僕は自分の家族のことを仕事と切り離しては考えられない。チームから見れば僕は選手の一人に過ぎなくても、家族にとって僕はただ一人の夫であり父親だ。僕がどのチームと契約を結ぶかによって、家族の暮らす街が決まる。短期間なら家族を残して、僕だけが単身赴任することもできるが、長期間にわたって妻や幼い子供と離れて暮らすつもりはない。試合が終わって家に帰って、家族の顔が見られないという生活は、僕には耐えられない。

何のために生きているのかという気持ちにもなるし、だいたいそんな精神状態では野球に集中することができない。良い試合をするためにも僕には家族が必要で、そうであるがゆえに球団の本拠地が僕にはとても重要な問題なのだ。

その上に、セカンドというポジションがギャランティされなかった。

メジャーリーグに未練があるなら、サードに転向すればいいじゃないかという人もいるかもしれない。過去にはショートからセカンドにコンバートされた経験もある。メジャーリーグでもっといい成績を残したいのなら、石にかじりついてでもやり遂げるべきだ。そういう考え方もあるだろう。

メジャーリーグの球団との契約を断念して、日本に帰るという選択をしたら、日本のマスコミや野球ファンがどういう反応をするかも充分に予想できた。

ホワイトソックスと契約した時だって、井口は日本球界を捨てたというようなことを言う人がいた。メジャーリーグへの挑戦を心から応援してくれた人も、僕がメジャーリーグで活躍することを期待して送り出してくれた。

帰るとなると、メジャーリーグでは通用しなくなったから日本に帰ってきたと思われても仕方がない。負け犬と言う人だっているに違いない。

バッシングされる自分の姿が目に浮かぶようだった。

それでも敢えて、僕は日本に帰ることを選んだ。

２００９年1月20日、僕は千葉ロッテマリーンズに入団する。４年間のメジャーリーグ生活にピリオドを打った。それが、僕の選択だった。

野球選手にとっての幸せは、自分が望むチームではなくて自分を望んでくれるチームで野球をすることだ。メジャーリーグでの経験から、僕はそう考えるようになった。そしてその考えが、メジャーリーグを去ることを決めさせたのだから、人生は不思議なものだ。

けれど決断した以上は、日本に帰って何を言われようとやり遂げるしかない。

自分を望んでくれた千葉ロッテマリーンズという舞台で、僕は僕の野球をやる。

僕の選択が間違っていたのか正しかったのかは、その結果で判断してもらうしかないと思っている。

第五章 成功の鍵は、一見地味で目立たない場所に隠されている

夢と欲望を混同しない

メジャーリーグを去る決断をしたのは、突き詰めれば、どういう選択が僕にとってその後の毎日を大切に生きることにつながるかを考え抜いた結果だった。

自分がメジャーで通用しないと思ったから帰国を選んだわけではない。幻滅したわけでもなければ、飽きたわけでももちろんない。ただ、メジャーリーグで野球を続けたいという気持ちに、つまり僕のひとつの夢のために、自分の判断を曇らせてはいけないと思った。

僕だってメジャーリーグに挑戦するとなれば、大きな記録を打ち立てるとか、ファンの記憶に一生残るような試合をするとか、夢をまったく思い描かないわけではない。

しかし、最高の瞬間がいつかと問われたら、それはバッターボックスでピッチャーに向かい合っている時、グラブをつけてグラウンドに立っている時だと僕は答える。自分の能力を最大限に発揮して生きている瞬間こそが喜びなのだ。

喜びも栄光も、グラウンドの上にしか存在しない。

世間の人は僕がメジャーリーグで頑張り続けることの方を喜ぶかもしれないが、僕にとって何よりも大切なのは現場、つまりグラウンドの上に立つことだ。

そうであるならばメジャーリーグにこだわるよりも、自分の野球にこだわるべきだと思った。

そして僕はメジャーリーグの球団ではなく、日本の千葉ロッテマリーンズという球団を選択した。

毎日、自分のフォームを見つめ直すこと

野球選手はいつも、自分の姿を見つめ続けている。

試合が終われば、ビデオルームでその日の自分のバッティングフォームを見る。自分の感覚とズレがないかを確認するためだ。5分もあれば終わる作業なのだが、これにはとても重要な意味がある。

素振りやティーバッティングまで含めれば、今までに何十万回バットを振ったかわからないが、それでもバッティングフォームはよく変わるものだ。

大きな変化ではない。だがその他人なら見過ごすくらいのわずかなズレが、バッティングに決定的な影響を与える。

フォームはデッドボールを受けても変わるし、フリーバッティングで誰かとホームラン

競争をしただけでも変わる。不調が続けばもちろん変わるし、好調が続いても変わる。

いや、そういうことが何もなくても微妙に変わってしまうものなのだ。

若い頃は、打てなくなるたびにフォームを変えた。バットの位置はどうすればいいとか、足はどのタイミングで上げるとか、腰はこう回した方がいいとか。人に話を聞いたり、自分で何かを見つけたりして、フォームを変える。

不思議なことに、フォームを変えた日は打てたりする。よし、これで自分はもっと打てるようになる、と有頂天になっていると、すぐにしっぺ返しが来る。翌日にはもうそれほど打てなくなっていて、トータルで考えればフォームを変えてからの方が打率が落ちていることに気づく。

打てるようになったのはフォームのせいではなくて、気持ちの問題なのだろう。これで打てるはずだという自己暗示が効いている間はなぜか打てる。その自己暗示が解ければ元に戻る。フォームをちょっと変えるくらいの付け焼き刃では、どうにもならないということだ。

そういうことを何度も経験して、迷いに迷いながら、僕は引きつけて打つという自分のバッティングフォームを獲得した。その2003年は1年間、一度もフォームを変えなかった。同じひとつのフォームで3割4分に打率を上げることができたのだ。そのフォームが僕のベースになった。

だから迷うのは悪いことではない。

迷うことには意味がある。迷うことで、人は悩み考え、自分を確立する。

孔子は「四十にして惑わず」と言った。僕は40歳にはまだ早いけれど、不惑とはそういうことを言うのかもしれないと思う。

迷い続けられるほど、人生は長くない。まして野球人生はもっと短い。

僕が自分のバッティングを毎日チェックするのは、その自分の軸に戻るためだ。毎日チェックしても、フォームは毎日変わる。微妙にズレる。自分の軸を確立したと言ってもその程度で、自分を見つめることを忘れたらそんなものはあっという間に崩れてしまう。

経験を積んだ野球選手ならみんなそのことを身体で知っている。だから何年野球を続けようが、飽くことなく素振りを繰り返し、ティーバッティングをするのだ。そうやって野球選手は自分を見つめ続けている。

自分の軸に戻ると言っても、完全に同じようにバットを振るわけではない。常に微調整を加えている。自分自身のコンディションは毎日変わるからだ。シーズンの初めと終わりでは、筋肉の量も柔軟性も微妙に違う。バットを振る土台である自分の身体が変化しても、同じ感覚でバットを振るには、自分を見つめなければいけない。

自分を見つめるのは、自分にできることとできないことを見極めるためだ。そしてその自分の武器で、どう戦うかを考える。

どんな仕事であろうと、できることはそれしかないはずだ。

それを忘れてしまったから、いろんなことが上手くいかなくなったのではないか。

夢よりも目標。足下を固めて、毎日を大切に生きることを考えるべきだ。

こんな不況でも、成功している企業はたくさんある。テレビや新聞は、そういう企業がいかにユニークか、他の企業と違うことをしているかということを取り上げるのが好きなようだが、僕がそういう番組とか記事を見ていつも思うのは逆のことだ。

成功している企業はどこも、基本に忠実だなあと思うのだ。

自分たちにできること、できないことをよく知っていて、そのできるところでしっかり世の中と勝負している。他の企業がこうやって成功しているから、自分たちもそれを真似しようなどとは、小指の先ほども考えない。

見つめているのは自分自身と、それから自分にボールを投げてくる世の中というピッチャーだけだ。だからボールにバットが当たる。僕の目から見ても、良いバッターだなと思う。

つまり、成功の鍵は、自分をどれだけ見極められるかにかかっている。逆に言えば、自分を見極めていないから、何をやっても上手くいかないというのが、今という時代の問題なのではないか、とも僕は思う。

地味な選択が、今の自分を作った

盗塁もセカンドも、引きつけて打つバッティングも、そして日本に帰るという決断も、現在に至るまでの僕の選択の多くを、人は地味な選択と言うかもしれない。

もし選ぶとするなら、盗塁よりもホームランだし、セカンドよりもショートだ。右打ちなんかするより引っ張って打ちたいし、メジャーリーグに挑戦したならどこまでもそこで頑張った方がいいに決まっている。普通に考えるなら、きっとそうなるだろう。

それを選んでいたら、今の僕はない。

僕がここまで野球をやってこられたのは、そういう選択をしなかったからだ。

周囲の期待に惑わされてホームランを打つことしか考えていなかったら、あるいはショートのポジションにこだわっていたら、僕は本当の野球を知らないままだった。

自分の能力を伸ばす道を見つける前に、野球を辞めていただろう。

野球選手として生きるには、レギュラーとしてグラウンドに立つことが、何よりも重要なのだ。成績を残せなければ、引退するしかない。

グラウンドに立っていなければ、その成績も何もあったものではない。

目の前にぶら下がったどんな栄光よりも、そのことを大切に考えられたから、僕は今も野球を続けている。

チームに貢献できなければ、レギュラーとしてグラウンドに立つことはできない。それならば、自分はどうすればチームに貢献できるのか。

その答えはひとつだ。自分の持っているものは何か、自分にできることは何かを考えて、その可能性を広げていくことだ。

その結果、僕の場合はメジャーリーグでプレイし、ワールドシリーズを制覇するという夢を叶えることができた。

それがわかるまでに、僕もずいぶん長い遠回りをした。だから偉そうなことを言うつもりはない。ただ自信を失っている人に、知って欲しい。自分にできることがもっとある、ということを。

その事実に気づくことから、すべては始まる。そこからしか何も始まりはしないのだから。

自分のできることを積み上げることに意味がある

世の中を見渡せば、まるでデパートのショーケースのように、華々しい成功例があふれている。どんな世界にもそれぞれの成功例がある。それを並べて比べても、何にもなりはしない。自分の頭で考えることとは別のことだ。

マスコミは企業のユニークな成功例を賞賛するけれど、それはバッターによってフォームが違うと言っているに過ぎない。握力も腕の長さも腰の高さも利き目がどちらかも、人によってみんな違うわけだから、フォームなんて人によって違うのが当たり前だ。

他人のフォームは参考にはなるかもしれないが、それが答えになることは絶対にあり得ない。バットを振るのは他の誰でもない、この自分でしかない。出発点はバットを振る自分の2本の腕しかないのに、そのことを考えるのを忘れてしまっている。

自分のことを考えられるのは、自分だけなのだ。自分の頭を使って考えなければ、自分についての答えは絶対に得られない。

人生は苦しいもの、というが、それは楽をするなということではないと思う。

守備の練習をする時、僕はいつもどうやって楽をしようかと考える。

このパターンのゲッツーは、球をこう捕って、こうタッチして、こう投げれば速いなとか。どうやったらいちばん簡単にアウトにできるか。その方法を考える。簡単なら簡単なほど、ゲッツーが取りやすくなるからだ。

守備に限らず、物事の手順はできるだけ簡単にした方がいい。複雑にすればそれだけやることが増えて、ミスの可能性も増える。料理人でも陶芸家でも、名人と言われるような人の仕事は美しい。無駄が完璧にそぎ落とされているからだ。そういう意味では、彼らはいちばん楽に仕事をしている。

考え事をすると、眠れなくなるという人がいる。それは考えているのではなく、心配しているだけではないだろうか。物事は複雑に考えようとすれば、いくらでも複雑に考えられる。けれど複雑に考えても答えは出ない。いや、複雑に考えるから答えが出ないのだ。

ゲッツーの手順を簡単にするためには、「何をしなくていいか」を考える。

無駄な動きを削って、アウトを2つ取るための必要最小限の動きだけをする。それが、いわばゲッツーの正解だ。バッティングだって調子が良い時は、軽く打っているのにボールが遠くへ飛ぶ。それは力のロスがないからで、つまり無駄な動きをしていないということになる。

人生に対する考え方も、基本的には同じではないだろうか。自分という道具を使って、いかに楽をして最大限の効果を引き出すかを考える。人生の時間は限られている。一人の人間にできることなんて、そんなに多くはない。あれもできるんじゃないか、これもできるかもしれないと考えるから、話が複雑になる。複雑になって、自分にとっていちばん大切なことを何もやらないうちに終わってしまう。

まずは、自分の長所を伸ばすこと

プロ野球の世界にも、自分の何を売りにすればいいかわからない選手はいる。二軍から上がれない若手はほとんどそうだ。プロになったくらいだから、速い球を投げられるとか、守備が上手いとか、それぞれに何かいいモノを持っているのに。その能力を磨くのが、彼らの答えのはずだ。

自分の長所を伸ばすことを考えればいい。周囲から一歩抜きん出るには、それがいちばん簡単なことだと思う。その単純な答えが見えていない。自分の長所ではなく、短所にばかり気を回して、その短所を減らすことに努力を注いでいる。

もし球速に自信があるならフォームを磨いて、さらに速い球を投げられるようにすればいいのに、むしろ苦手な変化球を投げる練習を一所懸命やっている。完璧主義と言えば聞こえはいいが、そんなことをしても平均的な選手になるだけだ。

自分の短所だの欠点だの呪縛から逃れて、そういうものには目をつぶって、自分の持っているいいモノを見つめる。そしてその長所を伸ばすことをまず考えてみる。

短所を矯正するよりも、長所を伸ばす方がずっと効率的なはずだ。そしてたいていの短所は、長所を伸ばしていればその陰に隠れてしまう。メジャーリーガーにはそういう選手が多かった。４割打者なら、守備が下手でも使ってくれるのだから。

欠点や短所ばかり気にするのは、野球選手と言うよりも日本人の癖と言った方がいいかもしれない。僕たちは「君は算数はできるけれど、国語がダメだ。もっと国語の勉強をしなさい」という教育を受けて育ってきた。

「得意な算数をもっと伸ばすといいよ」

本当はそう言ってあげるべきだろう。そうすれば子供たちの毎日は、もっと楽しくなるのになあと思う。

楽しいことが、子供を成長させる。楽しい時に、子供の脳はいちばん活発に活動するからだ。そしてそれは大人だって同じことだ。

自分に与えられた能力を発揮するのは楽しい。楽しいから夢中になれる。夢中になれるから上手くいく。

もちろん努力はしなければいけないが、楽しんでやればその努力までが楽しくなる。自分の短所と向き合って、うんうん唸《うな》るのとは訳が違う。

夢を目標に変えれば、甘さは消える

大きな夢の前に目標を、そして小さな幸せを大切にすることが成功への第一歩だ。

小さな幸せとは何か。それはこの本でずっと書いてきたこと、つまり自分の能力を発揮する幸せだ。自分の能力を発揮して、今日という日を充実して生きる幸せだ。

自分がもっている能力は何なのか。それを知るいちばんの近道は、今自分がやっていること、自分の仕事に集中することだと思う。それが何であろうと、ひとつの物事に必死になって取り組んではじめて、自分の本当の能力が見つかる。極端に言えば、何をするかではなく、どう取り組むかが問題なのだと思う。

今という時代は、選択肢があまりにも多すぎて、何かひとつの物事に取り組むことが難しくなっている。どんな仕事であれ、最初から上手くいくなんてことはめったにない。上手くいかないから楽しくない。楽しくないから、もっと自分に合った仕事があるのではないかと思ってしまう。

もちろん夢を持つのは悪いことではない。

けれど、夢を現実に変えるための計画と実践がなければいけない。夢を実現するには何をしなければいけないかを逆算して、夢を目標という現実の形に変換し、その目標を達成する努力をしてこそ、夢を持つ意味がある。

そうでない夢は、下手をすれば現実逃避の口実になるだけだと思う。夢を語っても現実には何もしないという人が、世の中にはたくさんいる。きっと夢を語るだけで満足してしまうのだろう。

夢を目標にすれば、夢の甘さは消える。目の前に、自分がやらなければいけないことが山積みになる。

そのひとつひとつを乗り越えなければ、夢には到達できない。山は遠くから眺めると美しいが、登り始めればそこには険しい登り道があるだけだ。険しい登り道に尻込みしてしまうから、たいていの人にとって夢は夢のままで終わる。夢のままで終わるから、夢は甘美なのだ。

大人は子供に夢を持てと言う。でも、それだけでは足りないと思う。夢を見ることよりもむしろ、どんなに小さくてもいいから、ひとつの目標を達成する方法を教えるべきだ。

地味な目標であろうと、達成するには一歩踏み出すこと、つまり何か努力をしなければいけない。努力をして何かを成し遂げる、その喜びを教えるべきではないだろうか。

その努力があってはじめて、人は自分も知らなかった能力、可能性を知る。

そして、今日という日を大切に生きるようになる。

結局のところ大切なのは、今日という日を良く生きることなのだ。そのことがなければ、どんな大きな夢も虚しい。

大きな栄光や、成功を夢見る人もいるだろう。僕だってそういうものに興味がないわけではない。けれど、それは僕の目標にはならない。なぜなら栄光や成功は、どれだけ手に入れても満足することはないから。

僕にとって大切なのは、選手としてグラウンドで戦い続けることだ。もちろんいつまでもできることではないが、自分にその能力がある限りはグラウンドに立っていたい。その結果としての栄光や成功なら喜んで受け取る。けれどそれはあくまでも結果であり、目的は今日、野球をすることなのだ。それは少年野球の頃から何も変わっていない。

今日を生きること以上に大切なことはない。

それは小さな幸せかもしれないけれど、人生はその積み重ねでできている。

今日という日をどれだけ大切に過ごすかで、人生の意義が変わる。人に与えられた時間は平等なのだから。

○

最後にもうひとつ、生き甲斐ということについて、僕が思っていることがある。

生きる喜びについての話だ。

野球というスポーツのおかげで、僕は今までに何度も歓喜の瞬間を味わった。それはかけがえのないものだが、どんなヒットよりも、どんなファインプレイよりも、あるいはどんな優勝よりも、僕の心を喜びで満たしてくれた人たちがいる。

それは、そういう僕のプレイを喜んでくれるファンの人たちの存在だ。どんなに見事なホームランを打ったとしても、スタンドからの声援がなければ虚しい。ファンの歓声に包まれながらダイヤモンドを回る時、心の深い部分から喜びが湧き上がるのを感じる。その喜びとは、つまり他者とひとつにつながる喜びだ。

人は孤独だ。たった一人でこの世に生まれ、そしてたった一人でこの世を去っていく。けれど、そうではないんだと思える瞬間が確かに存在する。みんなでひとつの目標に向かって走り、ついに訪れた歓喜の瞬間、人の孤独は消える。自分が一人ではないということ、仲間とつながって生きているんだという喜びに心が満たされる。

野球は、そういう瞬間を数限りなく経験させてくれるスポーツでもある。チームのために貢献すべきなのは、プロとしての仕事という意味だけでなく、野球というスポーツを心から楽しむためでもある。チームがひとつになった時、そこに生まれる一体感が、このスポーツの最大の醍醐味だ。

スタンドに沸き上がる歓声は、その一体感をチームの枠を超えて、もっと大きな人の集団に結びつけてくれる。チームとファンがひとつになって、同じひとつの喜びを経験するから、優勝の歓喜は何度経験しても色褪《あ》せることがない。

自分の能力を発揮して生きるのは幸せだが、その幸せを確かなものにしてくれるのは、人とのつながりだ。自分の仕事が誰かの役に立っているという実感が、自分の仕事に本当の意味での生き甲斐を与えてくれる。

だから僕は若い頃からボランティア活動を続けている。チャンスがあればシーズン、シーズンオフを問わずできる限り小児病院や、児童施設、養護施設を訪ね、チャリティー活動をしたり、それから基金を作って、地域の生活やボランティア活動の応援をしている。

子供たちを応援したいのはもちろんのことだけれど、それ以上に、僕が彼らから励まされている。子供たちの喜ぶ顔が、僕にどれほどの勇気を与えてくれることか。練習は嫌いじゃないが、それでも毎日のこととなれば、正直言って辛いと思うこともある。そういう時に、ふと思い出す彼らの笑顔が、僕の背中を押してくれる。厳しい境遇や、難病と闘いながらも、彼らは輝くような笑顔で僕を迎えてくれる。

野球は僕にとって大切な仕事だ。野球が自分の人生をかけるに足る仕事であることを僕は確信している。けれど、そう確信できるのは彼らがいたからだ。

僕にとってボランティアは、自分の仕事がこの社会とつながっているということを実感させてくれるものでもある。

そういう意味では、自分のためにボランティアをしている。

情けは人のためならずと言うけれど、ほんとうにそれは自分のためでもあるわけだ。

もちろん誰もがボランティア活動をすべきだなどというつもりはない。大切なのは、自分の仕事と社会がつながっているという意識だ。自分の仕事が社会の誰かのためになっているという認識ほど、仕事の励みになるものはない。

それは綺麗ごとなどではない。もし自分の仕事に生き甲斐が感じられないとしたら、それはこの感覚が欠けているからだろうと思う。

自分のためだけに打つなら、1本のヒットは1本のヒットに過ぎない。

人は一人では生きられない。

仕事を通じて社会に貢献し、自分は社会というチームの一員になる。

そういう意識をもって仕事に取り組めば、その仕事はきっと自分の生き甲斐になるのではないだろうか。

僕は、僕を応援してくれる子供たちをもっと喜ばせたい。

僕のヒットが彼らの日常をほんの少しでも明るくできるなら、自分のすべてをかけてでもその1本を打つ。

それが僕の生きる喜びなのだ。

著者略歴

井口資仁

いぐちただひと

1974年12月4日、東京都生まれ。

93年に青山学院大学へ入学。大学通算本塁打数は東都大学リーグ記録の24本。

96年、アトランタオリンピック野球日本代表に選出され、銀メダルに貢献。

97年、ドラフト1位で福岡ダイエーホークスに入団。

デビュー戦となった5月の近鉄バファローズ戦で、満塁本塁打を放つ。

2000年、登録名を本名の「忠仁」から「資仁」に。

01年、遊撃手から二塁手にコンバート。

強力打線の3番に定着し、史上3人目の30本塁打・40盗塁を達成し、44盗塁で盗塁王を獲得。ベストナイン、ゴールデン・グラブ賞にも輝く。

03年、打率・340、27本塁打、109打点、42盗塁を記録し、ダイエーの日本一に大きく貢献。

05年、シカゴ・ホワイトソックスに入団。ワールドシリーズを制する。

07年7月、トレードでフィラデルフィア・フィリーズへ移籍。

08年、サンディエゴ・パドレスへ。6月に右肩を脱臼、9月に戦力外通告。

その後、古巣のフィリーズと契約、2つ目のチャンピオンリングを手にする。

09年1月、千葉ロッテマリーンズに入団。

幻冬舎新書 174

二塁手論

現代野球で最も複雑で難しいポジション

二〇一〇年 七 月三十日 第一刷発行
二〇一〇年十一月 十 日 第三刷発行

著者 井口資仁
発行人 見城 徹
編集人 志儀保博
発行所 株式会社 幻冬舎
〒一五一-〇〇五一 東京都渋谷区千駄ヶ谷四-九-七
電話 〇三-五四一一-六二一一(編集)
〇三-五四一一-六二二二(営業)
振替 〇〇一二〇-八-七六七六四三
ブックデザイン 鈴木成一デザイン室
印刷・製本所 株式会社 光邦

検印廃止

万一、落丁乱丁のある場合は送料小社負担でお取替致します。小社宛にお送り下さい。本書の一部あるいは全部を無断で複写複製することは、法律で認められた場合を除き、著作権の侵害となります。定価はカバーに表示してあります。

©TADAHITO IGUCHI, GENTOSHA 2010

Printed in Japan ISBN978-4-344-98175-1 C0295
い-10-1

幻冬舎ホームページアドレス http://www.gentosha.co.jp/
*この本に関するご意見・ご感想をメールでお寄せいただく場合は、comment@gentosha.co.jp まで。